JN314278

スタンダード準拠評価

「思考力・判断力」の発達に基づく評価基準

鈴木秀幸
［著］

図書文化

はじめに

　新学習指導要領（平成20年告示）が高等学校を含めて本格実施されはじめた。新しい指導要録も小学校から中学校で実施に移されている。前回の指導要録の改訂と同じく，国立教育政策研究所が学習の評価のための参考資料を作成している。以前は，参考資料という形であれ，国が評価基準を示すことはなかったことを考えれば，わが国の学習評価のシステムも少しずつ進歩しつつあることは事実である。

　私自身，新学習指導要領に対応する指導要録の検討（学習評価の在り方の検討）を行った教育課程審議会のワーキンググループの委員を前回にひきつづいて務めた。これらの経験から考えても，確かに指導要録を代表とするわが国の学習評価のシステムは改善されつつあることは確かである。しかし，非常に大きな課題が残ったままであることも事実である。

　問題の根本は，思考力や判断力，問題解決力などが強調される近年の教育目標や，これを具現化した学習指導要領に，評価のシステムが十分に対応していないことである。もっと厳しい見方をすれば，評価システムが新しい学習指導要領の目標を実現する障害となっていることである。この障害を除去し，思考力や判断力を育成するためには，これに対応した新しい評価システムの導入が不可欠である。そのためには評価システムの根本的な見直しが必要であると私は考えている。その根幹には，本書で繰り返し述べることとなるが，スタンダード準拠評価システムの導入が必要不可欠である。

　本書は，スタンダード準拠評価とは何かを説明しながら，現行の評価システムの問題点を指摘し，スタンダード準拠評価システムにより，評価システムをどう改革すべきかを論じていく。ともすれば評価に関する議論は，ある場合は理論面に偏ったり，ある場合には実地面に偏ったりしがちである。本書では，新しい学習理論や評価理論を紹介しつつ，実際の学校で使用することを想定し

『スタンダード準拠評価』目次

第1章 「思考・判断・表現」とスタンダード準拠評価 ………… 7

1　これからの学習評価の論点　8
2　クライテリオンの解釈：
　　ドメイン準拠評価とスタンダード準拠評価　14
3　「思考・判断・表現」とパフォーマンス評価　21
4　評価基準体系の枠組　26
5　現行の評価基準の問題点　30
6　今後もチェックリスト方式のみでよいのか　38
7　評価の簡略化と一般的な評価基準　46
8　一般的な評価基準を用いた評価事例：理科の場合　53
9　カリキュラム構成論と評価システム　60
10　評価基準を設定するための3つの方法　67
11　「参考資料」に足りないもの：英語を例として　74
12　「基準」か「規準」か：評価用語の混乱を超えて　82

第2章 「活用」の学習をどう評価するか ……………………… 89

1　指導要録の問題点と改善案：
　　「各教科の学習の記録」について　90
2　「活用」の評価試案(1)：小学校理科　100
3　「活用」の評価試案(2)：小学校国語　107
4　「活用」の評価試案(3)：小学校算数　114
5　その他の諸課題について　122

た評価システムとそれに対応する評価基準そのものを，例示ではあるが提案している。いくら理論が正しくても実際に利用できるようにしなければ，理論の価値は半減すると私は考えている。そのため，本書では様々な具体的な評価基準を提案している。

　わが国でも，先に述べた国立教育政策研究所の参考資料を代表として，いろいろな評価基準が作成されてきた。しかし学校現場では，これらの評価基準が非常に使いにくいのもまた事実である。そのような問題点の原因を明らかにするためには，評価理論の検討も必要不可欠である。要するに，問題の原因を明らかにすること，これに対する改善策を実際に提案することが評価理論や評価の研究者の役割であると私は考える。

　わが国は天然資源に乏しい国である。そのようなわが国で，水を除けば人的資源こそ最も豊富に存在するものであるといってもよいであろう。しかしながら，人的資源は適切な教育を施してこそ活用できるものである。特に思考力や判断力を有する人材の育成は急務である。現行の評価のシステムは，このような人材の育成の妨げになっていると私は危惧している。そして，改善の方策の中心にスタンダード準拠評価がある。

　本書は，もともとは日本教育評価研究会の機関紙『指導と評価』に私が連載したものを集めたものである。連載後の新学習指導要領や指導要録の改訂を踏まえて，必要に応じた加筆修正を施している。『指導と評価』誌をお読みの方は，部分的にはまったく変わっている部分もあることに気が付かれるであろう。しかし，基本線のスタンダード準拠評価が必要であるという点は同じである。

　最後に，ここで例として示しているいろいろな評価基準の各レベルが，わが国の生徒の年齢や学年段階のどれに適合するか（その学年段階の大多数の生徒が達成可能なレベルという意味で）については，これを試行してみて初めて確定させるべきことである。

平成25年6月

鈴木秀幸

第3章　評価基準の体系化：西オーストラリア州の事例から …… 129

1　評価基準の体系化と発達段階の見取り図　130
2　「科学」における評価基準　136
3　「国語」（English）における評価基準(1)：
　　「話すことと聞くこと」　147
4　「国語」（English）における評価基準(2)：
　　「読むこと」「書くこと」　155
5　「算数・数学」における評価基準：数学的な戦略　166
6　「社会と環境」における評価基準　176
7　発達段階を明示した枠組みと分析・総合の評定　187

第4章　問題解決能力とその評価 …………………………… 195

1　問題解決能力とは　196
2　評価事例(1)：理科的活動を含んだ問題解決　204
3　評価事例(2)：社会科・歴史的分野における問題解決　211
4　評価事例(3)：国語分野における問題解決　218
5　評価事例(4)：数学分野における問題解決　225
6　問題解決能力の指導と評価はどうあるべきか　232

第1章
「思考・判断・表現」とスタンダード準拠評価

1 これからの学習評価の論点
2 クライテリオンの解釈：ドメイン準拠評価とスタンダード準拠評価
3 「思考・判断・表現」とパフォーマンス評価
4 評価基準体系の枠組
5 現行の評価基準の問題点
6 今後もチェックリスト方式のみでよいのか
7 評価の簡略化と一般的な評価基準
8 一般的な評価基準を用いた評価事例・理科の場合
9 カリキュラム構成論と評価システム
10 評価基準を設定するための３つの方法
11 「参考資料」に足りないもの：英語を例として
12 「基準」か「規準」か：評価用語の混乱を超えて

第1章 「思考・判断・表現」とスタンダード準拠評価

1 これからの学習評価の論点

1　教育目標と評価の国際的通用性

　評価の機能は「一定の教育目標がどの程度実現したかを確認する」ことにある。しかし，学力の評価だけでも多くの論述すべき内容があるため，本書で取り上げる教育目標は，教科や科目，総合的な学習などに関するものに限定し，道徳や特別活動などは除外する。

　このような限定を加えたうえで教育の目標を考えると，ここ十年の変化として教育基本法や学校教育法が改正されたことは，当然考慮されるべきである。新しい指導要録の検討にあたっても，この点は議論の出発点としてきわめて重要であった。学習評価にかかわって最も重要な部分は，学校教育法30条第2項に述べられた「基礎的な知識及び技能」，「それらを活用して課題を解決するために必要な思考力，判断力，表現力」，「主体的に学習に取り組む態度」の3つの区分である。

　特に2番目の「思考力，判断力，表現力」の部分は，OECDのPISA調査のリテラシーの概念[1]やキー・コンピテンシー（key competency）[2]，欧米でのオーセンティック評価（authentic assessment）やパフォーマンス評価（performance assessment）などの影響を受けている。現行の学習指導要領策定にいたる過程でまとめられた中央教育審議会の答申（平成20年）に，国際的通用性を図る必要性が述べられているが，教育課程で国際的通用性が求められるならば，評価の面でもこれは必要である。評価の面での国際的通用性の欠如は，わが国の評価に関する問題点の1つである。特に評価用語の国際的通用性には問題があり，これについては本書でも折に触れて言及していきたい。

　国際的に教育目標が変化しつつある中で，わが国でも学校教育法で「基礎的な知識及び技能を活用して課題を解決するために必要な思考力，判断力，表現

力」が教育目標として登場したことで，指導の面だけでなく，評価の面でもどう対応するべきかが考えられなければならないのである。

2　形成的評価に関する研究の進展

評価の目的に関しては，従来から診断的評価，形成的評価，総括的評価が区別されてきた。これらの中で形成的評価に関しては，ここ10年で劇的に研究と実践が進んだ（進みつつあると進行形でいうべきか）。そのきっかけとなったのは，1998年に公表されたイギリスのブラック（Black, P.）らによる研究論文[3]である。この論文の簡略版である「Inside the Black Box[4]」という小冊子は，欧米で一般教員を含めて幅広く読まれている文献である。現在では，形成的評価の具体的な実施方法の研究は，研究者のみならず各国の教育政策として重視されてきている。このような形成的評価の具体的な実施方法の研究が本格的に始まったのは，前記のブラックらの論文で形成的評価を実施した場合の効果がきわめて高いことが紹介されたことによる。

わが国でも，以前より形成的評価については「指導に生かす評価」や「指導と評価の一体化」として表現され，重要性は認識されてきたが，具体的な実施方法やその効果に関する研究事例はきわめて少ない。欧米の先進的な研究や実践が紹介されることもない。このようなわが国の状況は非常に危惧されることである。これは国際的通用性（その欠如）の問題である。形成的評価に関しては（形成的評価だけではないが），このままでは大変な遅れをとることになる。

3　全国テストの結果公表がもたらす影響

わが国でも，平成19年から全国規模の学力調査（全国学力・学習状況調査）が復活している。最初の提案者であった文部科学大臣は，得点の公表により学校の競争を促し学力向上をねらう意図があったようだが，競争を煽ることを危惧した教育関係者の提言で，一部（県レベルの平均点）の公表にとどまった。

結果の公表による学力向上策は，イギリスのリーグテーブル（注：一種の学校番付表）と似ているが，そのイギリスでもこのような学力向上策への反省が行われ，公表の範囲は縮小しつつある。わが国のここ10年の教育改革に大きな

影響を与えたイギリスの状況やその経験についても概説しなければならない。全国テストとその結果の公表がもたらす影響について，欧米の研究結果が示すところでは，ハイ・ステイクス（high stakes）[5]なテストの導入は，見かけ上のテストの点数の上昇をもたらすだけであるという「ウォベゴン湖効果（Lake Wobegon Effect）[6]」を再び証明することになったようである。この問題は，わが国では高校から大学等への入学試験に関連して典型的に生じている現象と推定されるが，ウォベゴン湖効果という用語自体が通用しないわが国では，問題としてほとんど論議されていない。言葉がないことは，問題を意識したり議論したりするために著しい障害となる。

4　思考力，判断力，表現力等を評価するための評価方法の工夫

思考力，判断力，表現力等を評価するためには，従来のペーパーテストや教師の観察に加えて，パフォーマンス評価やオーセンティック評価を用いなければならない。そこで，あらためてその特徴や具体的な実践方法について，学習指導要領や指導要録に即して考える必要がある。

特に，これらの能力を評価するための評価基準，すなわちルーブリックやスタンダードについての正確な理解が必要であるが，わが国ではルーブリックとスタンダードの区別が十分に意識されて用いられているとは言えない。

5　評価用語の混乱と誤った適用

従来から用いられている相対評価や目標準拠評価（いわゆる絶対評価）という用語では，これから必要な評価の在り方（評価結果の示し方や解釈）を十分に表現できない。相対評価は，正確には集団準拠評価（cohort referenced assessment）とノルム準拠評価（norm referenced assessment）に分けて考えるべきであるし，目標準拠評価に関してはクライテリオン準拠評価（criterion referenced assessment）とすべきであった。さらに，クライテリオン準拠評価にはドメイン準拠評価（domain referenced assessment）とスタンダード準拠評価（standard referenced assessment）の２種類があることを確認し強調したい。

ドメイン準拠評価は，知識や技能の評価に適合し，スタンダード準拠評価は「活用」や「思考，判断」の評価に適合している。問題は，ドメイン準拠評価はこれまでも到達度評価という形で紹介されてきたが，スタンダード準拠評価はわが国ではまだ十分に理解されてこなかったため，「思考，判断」の評価までもドメイン準拠評価で実施してきてしまったことである。これが思考力や判断力の指導や評価に支障を来してきた原因である。わが国でこれらの能力や技能を各学校で指導し評価できるかは，スタンダード準拠評価が理解され，そこで用いられる評価基準が設定できるかどうかにかかっている。要するに，教育基本法や学習指導要領のねらいとする「知識や技能を活用して課題や問題を解決する思考力，判断力，表現力」の実現は，スタンダード準拠評価を実施できるかどうかにかかっているといっても過言ではない。

6　結果妥当性と評価の統一性

評価の質を示すものとして用いられる信頼性（reliability）と妥当性（validity）に関しても，新しい知見を導入すべきときがきている。特に重要なのは，妥当性の1つとして注目されている結果妥当性（consequential validity）である。これは，評価の結果を特定の目的に用いた場合，どのような教育的または社会的な影響を与えるかを問題とする妥当性である。たとえ，他の妥当性（構成概念妥当性等）や信頼性が高くても，その評価結果を用いた場合，教育的または社会的な弊害を生じる場合には，結果妥当性は低くなる。この結果妥当性を「関心，意欲，態度」の観点の評価に当てはめて考えると，この観点の問題部分が明らかとなる。つまり，わが国で「関心・意欲・態度」の観点の評価結果を入試の資料（評定に組み入れられるにせよ，観点自体として参考にされるにせよ）として用いた結果，中学生はこの観点の評価を上げるために，実際にはそうでなくても，関心や意欲があるように見せなければならないと感じている。このような見せかけの関心や態度を作ることを強いる点で，この観点の評価結果を入試の資料として用いることは，結果妥当性が低いこととなる。結果妥当性の概念がわが国では十分に考慮されてこなかったために，この観点の問題点が十分理解できなかったと言うべきであろう。

第1章 「思考・判断・表現」とスタンダード準拠評価

　結果妥当性と並んで，評価用語としてわが国で十分に使われていないのが評価の統一性（comparability）[7]である。一定の評価結果が，生徒の進学等に重大な影響を及ぼす場合には，各学校や教師の評価基準やその解釈，適用方法が統一されている必要がある。そのような統一を示すものが，評価の統一性である。ところがこれまでわが国では，これが問題としてあまり取り上げられてこなかった。

　例えば，高等学校の評価に関しては，各学校が定めた評価基準で行うこととなっている。いまではこれに基づいて出された評定を用いて大学推薦入試が行われ，合否判定の重要な資料として用いられている。高等学校での学校間格差を考えれば，評価の統一がなされていない評定を用いて選抜を行っていることは，著しい不公平を生じている。

　評価の統一のための手続きであるモデレーション（moderation）も，わが国ではほとんど重要とは考えられてこなかった。モデレーションは評価の統一の方法であるが，その副産物として，教師の評価技能が向上すること，それにより指導力が大きく改善されることはまったく知られていないのである。評価の統一性やモデレーションがわが国で議論の俎上に上ってこない問題の根本は，評価の基本用語である信頼性がわが国では非常に狭く紹介されてきたためである。つまりわが国では，信頼性といった場合，生徒の反応の一貫性に関する信頼性が主として問題とされてきた。その反面，評価者間信頼性（inter rater reliability）が十分に紹介されてこなかったのである。そのため，評価の統一性やモデレーションに関する議論が遅れてしまったのである。

　以上，本節では，これからの学習評価を考える上で考慮しなければならない基本的な論点を概観した。次節以降でさらに詳しく論じていきたい。

■注および参考文献
(1) リテラシーはもともと読み書きができることを意味する言葉であるが，OECDのPISA調査では，実生活や実社会で生じる問題や課題を解決する能力を示す言葉

としてリテラシーを用いている。数学的リテラシー，読解力（Reading Literacy），科学的リテラシーの3つがある。
(2) キー・コンピテンシーとは，OECDが知識基盤社会を担う子どもたちが必要とする能力として定義したもの。①社会・文化的，技術的ツールを相互作用的に活用する力，②多様な社会グループにおける人間関係形成能力，③自立的に行動する能力の3つで構成される。PISA調査では①を測定している。
(3) Black, P. and Wiliam, D. (1998) Assessment and classroom learining. *Assessment in Education*, 5(1), pp.7-71.
(4) Black, P. and Wiliam, D. (1998) *Inside the Black Box: Raising Standards through Classroom Assessment*. London: School of Education. King's College.
(5) ハイ・ステイクスとは，評価の結果が保護者や社会一般の関心を集めるようになり，学校や教師がそのような評価についてよい結果がでるように力を入れるようになることを言う。高校入試や大学入試はその典型例である。
(6) ウォベゴン湖効果とは，テストに向けた学習指導の結果，実際には能力や技能は向上しないのに，テスト問題に慣れた結果，テストの点数だけが上昇する現象をいう。名前の由来はガリソン・カイラーの小説『レイク・ウォベゴンの日々』から由来する。レイク・ウォベゴン（アメリカ中西部の神秘的な町の名前）では，すべての子どもの成績が平均以上であることになっている。
(7) comparabilityの訳として，（評価の）「比較可能性」が用いられている場合がある。しかし，comparabilityには，もう1つの意味として「等しい」という意味がある。評価では，主として後者の「等しい」という意味を用いる。つまり，同じ生徒の作品や学習結果を，評価者が異なっても同じように評価できること，すなわち評価の統一性を意味する。

2 クライテリオンの解釈：
　　ドメイン準拠評価とスタンダード準拠評価

1 「クライテリオン」に「目標」の含意はない

　目標準拠評価という用語は，criterion referenced assessmentの訳語である。しかし，この訳語は，いまから考えれば誤解を生む原因ともなってしまったようである。

　原語のcriterion referenced assessmentには，「目標」という含意はない。訳語の「目標」という言葉が，本来なかった不必要な意味を，それもかなり重要な点でもたらすこととなった。

　たしかに評価や評価基準は，学習の目標と無関係ではありえない（例外は知能検査である。知能の概念は，学習と関係のない生得の能力を意味する）。そもそも目標とは，未来を志向した言葉である。何が学習の結果起こるべきかを示すことで，学習指導や活動のあり方を方向づけるものである。

　それに対して評価は，学習の結果として何が実際に生じたかを判断するものであるから，過去志向の作業である。評価基準は一定の条件の下で，生徒が実際に何をできるかを考慮して作成せざるをえない。目標をそのまま評価基準とするためには，目標としたことが，実際に大半の生徒に生じるという仮定に立つ必要がある。小学校低学年ならある程度そうした仮定に立てるかもしれない。しかし，小学校から中学校，高等学校と学年や学校段階が上がってもそうだと考えるのは，非常に楽観的な見方である（そうならないので，多くの教師は苦労するのである）。

　さらに，目標の実現状況は，現実には不十分な実現から十分満足な実現状況まで様々なレベルがある。しかしそのことを考慮して目標が記述されていることはほとんどない。目標は，多くの場合「……ができる・できない」といった二分法的ないしはマスタリー・ラーニングのような言い方で示され，実現の程

度は様々であることは考慮されていないのである。実際の評価や評価基準の作成には，実現状況のレベル区別を明確化することが最も重要な点であるのに，「……ができる」などという言い方でしか目標は述べられていないのである。目標準拠評価という用語は，このような問題点をあいまいにしたままだったために，「目標＝評価基準」という単純化された見方を広めやすいのである。

　実際，ここ15年ほどの私の経験では，学習の進歩を評価できるような評価基準を開発する必要があると議論してみると，「そのような評価基準は学習指導要領の各学年の目標に書かれているので，これを評価基準として用いればよいのであって，あらためて開発する必要はない」と言う識者が非常に多かったのである。その目標は，「……ができる」というかなり一般的な形でしか示されていないのに，である。

　このような誤解を避けるため，目標準拠評価の原語はcriterion referenced assessmentであり，目標という含意はないことを強調したい。「クライテリオン準拠評価」とすれば，少なくともそのような誤解を避けられる。そのため，私自身は，本書ではクライテリオン準拠評価という用語を基本的に用いることとする。

2　クライテリオンの解釈をめぐって

(1)　グレイサーの提案とその問題点

　クライテリオン準拠評価が登場したのは，1963年のグレイサー（Glaser, R.）の「Instructional Technology and the Measurement of Learning Outcomes」という論文である。この論文中でグレイサーは，「クライテリオン準拠評価と私が呼ぶところのものは，質を判断する上で絶対的な水準を用いて判断するものである」と述べ，ここでの絶対的な水準とは，知識（注：ここでは非常に広い意味で用いている）の獲得に関して，まったく何も獲得していない状態から完璧に獲得した状態までの違いを，いくつかに区分するものであるとした。生徒の学習結果をこの区分のどれかに位置づけることが，クライテリオン準拠評価の特徴であると論じたのである。

　しかし，この論文でグレイサーはクライテリオン（基準の意味）の具体的な

内容については言及しなかったため，その後このクライテリオンの解釈についての議論が生じたのである。

例えば，クライテリオンには次のように広いものから狭いものまでの決め方が考えられる。

① 「数学」に関するクライテリオン
② 「数学的な思考・判断」についてのクライテリオン
③ 「三角形の性質についての理解」に関するクライテリオン
④ 「三角形と内角の和に関する理解」のクライテリオン

①は，数学のすべての事項に関するクライテリオンであり，非常に広い範囲にわたる。それに対して，②は思考・判断が加わることにより，①よりは限定したクライテリオンを求めている。さらに③は，三角形と理解が加わり，いっそう限定されている。最後の④では，内角の和が180°であるかを知っているかどうかだけのクライテリオンである。①は最も広いクライテリオン，②以降になるほど狭いクライテリオンとなる。

結局，どのレベルのクライテリオンを設定することが適切かが問題となるのである。④のレベルでのクライテリオンなら，「知っている／知らない」とか「できる／できない」などのクライテリオンで十分である。しかし，①や②のクライテリオンではそうはいかない。問題は，広い学習範囲に関するクライテリオンを設定するか，狭い範囲（例えば④のような）のクライテリオンが適切かということである。この問題は，教育の目標として，どのような能力や技能の育成を目的とするかに関わっている。近年の明らかな傾向は，③や④のような目標だけではなく，②のような目標も重要と考えられるようになってきたことである。

(2) ポファムの解釈

この問題に関して，ポファム（Popham, W.J.）は，「クライテリオン準拠評価（テスト）は，明確に区分された行動領域に照らして，各人の位置を示すものである」と述べた[1]。

ポファムの言わんとしたことは，④（または③）のようなクライテリオンを

設定することが適切であるということである。この方法の利点は，評価（テストの場合には採点）がきわめて容易であり，評価者の判断の食い違いがでないため，信頼性（正確にはinter rater reliability）が高くなることである。

　前記の例では，三角形の内角の和が180°であることを理解しているかに関するクライテリオンを示したが，三角形に関するその他の性質に関しても，「二等辺三角形では，2つの角の角度が等しくなることを理解している」などと細かくしていけば，数多くのクライテリオンができる。そしてこれらの無数のクライテリオンが集まったら，これらのクライテリオンの集合によって評価される範囲をドメイン（domain，領域）として，例えば「三角形の性質」などと名付ける。

　しかし，このように数多くのクライテリオンが集まったドメインでは，限られた時間でこれらのクライテリオンすべてに関して評価（またはテスト）することは不可能であるから，サンプリングの方法を用いて，一部のクライテリオンだけに関して，評価（テスト）することになる。

　サンプリングが適切に行われれば，各クライテリオンの評価結果（このような場合，実際にはテストでの問題の正解数の割合を示すことが普通である）の集計は，該当のドメインでの生徒の学習の達成水準を数値的に示すことになる。これにカッティング・スコアを設定すれば，対象ドメインに関して，「習得したか，しないか」の判定を下せることになる。カッティング・スコアの場合には，区分の境界が数値であるため，後述のサドラーはこれを「明確な」境界と名付けた。

　ポファムは，このような解釈がグレイサーのいうクライテリオンの唯一の解釈であると主張し，これをドメイン準拠評価（domain referenced assessment）と名付けた。

(3) サドラーの解釈

　ポファムによるクライテリオンの解釈に対する最も有力な対案は，サドラー（Sadler, R.）によるスタンダード準拠評価の提案である。

　サドラーは，ポファムのようなクライテリオンの設定方法を用いれば，評価

第1章 「思考・判断・表現」とスタンダード準拠評価

の信頼性は高まるが（特にinter rater reliability），そのようなクライテリオンの適合する学習範囲はきわめて限定されると批判した。前記の例で言えば，「三角形の内角の和は180°であることを理解している」というようなクライテリオンであれば，「知っている・知らない」とか「できる・できない」いう二分法的な判断ができるが，このような二分法的な判断が可能な学習事項は限られている，と主張したのである。

　実際，近年の教育目標やそれに基づいた学習事項は，二分法的な判断ができるものばかりではない。例えば，前記②の「数学的な思考・判断」は「知っている・知らない」や「できる・できない」という二分法で評価できるわけではない。問題に直面して，学習した計算式に代入する方法を用いる程度の思考・判断のレベルから，問題自体がそもそも数学的な処理に適した問題であるかを考えたり，もし可能ならばどのような部分が数学的な処理に適しているかを選択したり，処理に利用できる数学の技能はどれかを判断できるという高いレベルまで様々なレベルが考えられる。要するに，代入ができる程度の単純な思考・判断から，複合的・多層的な思考を適切に働かせることができるかまでの違いを評価することが求められていると主張した。

　これは数学に限らない。社会科の学習では，単に歴史上の事件を覚えるだけではなく，例えば，現在生じている問題を過去の歴史事象と比較し共通項を発見した上で，適切な解決方法を論じなければならないことがある。これは明らかに「できる・できない」の二分法で評価できる問題ではない。

　複合的，多層な課題が難しいのは，多くの要素が関係して相互に影響するからであり，これを要素に分解して個別に評価しても，全体の関連性を考慮して処理する能力があるかどうかを評価できないのである。このような複合的，多層的な課題に取り組む学習や能力を評価するためには，ポファムのドメイン準拠評価では不適切であり，これに代わる方法として，サドラーはスタンダード準拠評価を提唱したのである。

3　スタンダード準拠評価の特徴

　複合的，多層的な問題に対処できる能力は，現在では，「高次の技能

（higher order skills）」と呼ばれている。このような能力を評価する場合には，課題の複合性や多層性を考慮に入れて，初歩的な課題や問題に対処できる能力から，高度な処理能力を要する課題や問題を処理する能力までを測る評価基準を設定する必要があるとサドラーは言う。このような評価基準を示すのに適した方法を考えたのが，サドラーの業績である。

　サドラーによれば，評価基準を設定する方法は，数値的なカッティング・スコア，評価者の暗黙の知識，言語表現，評価事例の4つの方法がある。数値的な方法を用いることのできるのは，学習の一部だけであることはすでに述べた。評価者の暗黙の知識の場合は，評価基準が明確に語られていない以上，外部の者から見ればブラックボックスであり，不信の目で見られやすい。また，評価の統一も図りがたい。評価事例を用いた場合には，評価基準を示すのに必要な事例の数が膨大になるという欠点がある。

　言語表現による方法は，評価基準を示すのに最もしばしば用いられる方法であるが，言語による表現にはどうしても解釈の幅やあいまいさがつきものである。例えば，「適切な表現方法」という評価基準がしばしば用いられるが，この言葉の意味は，国語，社会，科学，美術，音楽などの教科で，具体的な内容が異なることは明らかであろう。その違いは言葉ではなく，具体的な各教科の事例で説明する必要がある。さらに，「適切な表現方法」に関する各教科での具体的な意味が明確化したとしても，「非常に適切な表現方法」，「ほぼ適切な表現方法」「不適切な表現方法」などの「適切さ」のレベルの違いを示す必要もある。これらを補うのは，それぞれの評価基準に当てはまる生徒の実際の学習成果を用いた評価事例であるとサドラーは述べるのである。

　結局，高次の技能を評価するためには，言語表現と評価事例を組み合わせて評価基準を示すことが必要であるとサドラーは主張する。この2つを組み合わせて評価基準を示す方法を，スタンダード準拠評価という。わが国での「思考・判断・表現」の観点の評価基準は，この能力や技能の性質から考えれば，スタンダード準拠評価を用いる必要があるのである。

第1章 「思考・判断・表現」とスタンダード準拠評価

■参考文献

(1) Popham,W.J. (1978) *Criterion-referenced Measurement*, Englewood Cliffs. NJ: Prentice Hall. p.93.

3 「思考・判断・表現」とパフォーマンス評価

1　学習理論の変化[(1)]

　現行の学習指導要領（平成20年改訂）が，OECDのPISA調査やキー・コンピテンシーの影響を受けていることはすでに指摘した。その結果，「リテラシー」とか「活用」という言葉が，わが国の教育界での議論に頻繁に登場することとなった。新しい学習指導要録（平成22年初等中等教育局長通知）での「思考・判断・表現」の観点は，すでに述べたように，学校教育法第30条第2項に規定された「（知識や技能を）活用して課題を解決するために必要な思考力・判断力・表現力」を踏まえたものであり，何といっても「活用」が登場したことが目を引く変化である。

　こうした変化の背景には，1980年代後半以降の学習理論や評価理論の進展がある。それらの影響がわが国の教育課程にいよいよ及んできたと言うべきなのである。この変化は，それまでの学習理論やそれに基づく学習指導の在り方に対する反省から始まった。すなわち，分割可能性（decomposability）と非文脈化（decontextualization）を前提とした学習理論に関する反省である。

　「分割可能性」とは，学習すべき内容を細分化して，1つ1つブロックを積み上げるようにして獲得させれば，はじめの学習目的が達成されると考えることである。例えば，英語の学習で単語や文法を学習していけば，自然と英文が書けるようになると考える。単語や文法を覚えることは英文を書くために必要なことである。しかし，それだけで英文が書けるようになることはなく，単語と文法の知識に加えて，多くの英文を読み，これを参考にして英文を書く練習が必要となる。

　「非文脈化」とは，特定の文脈で学習した技能は，別の文脈でもそのまま使えることを意味するが，そのようなことが可能な場面はかなり限定される。例

えば，論理的な文章を解釈する学習技能を，詩の解釈の技能にそのまま用いることはできない。詩は論理ではなく，言葉のもつイメージを積み重ねていくことが必要である。論理的な文章という文脈で学習した解釈の技能は，詩という文脈では直接用いることはできない。非文脈化の問題は，学習の転移の問題と深く関係する。学習の転移の問題とは，特定の文脈で学習した知識や技能が，それとは異なった文脈や場面でも応用して用いることができるかどうかという問題である。これに関する研究結果の多くは，転移に関して否定的な結果を示している。つまり学習の転移はきわめて限定的であると考えられている。

これらを料理に例えれば，カレーを作る材料（ジャガイモ，肉，玉ねぎなど）がそろっているだけでは（個別的な知識や技能），よいカレーはできない（調理方法が必要）ということであり，カレーの料理方法を知っていても（カレーという文脈），和食には直接応用できない（和食の文脈）ということである。

このような分割可能性や非文脈化を前提とした学習理論に代わって，一定の意味ある文脈を設定して，知識や技能を学習させようという学習理論（構成主義や認知心理学に基づく学習理論）が登場したのである。「一定の意味のある文脈」というのは，学習の結果として何らかの作品を作り出したり，問題を解決したりするような学習課題のことである。

PISA調査のリテラシーの概念は，一定の意味のある文脈として，実生活で対処しなければならないような場面を設定し，そのような文脈で学習した知識や技能を応用して用いる能力（つまり活用する能力）とされている。

2 パフォーマンス評価の必要性

一定の意味ある文脈の中で生徒の能力や技能を評価することを，パフォーマンス評価（performance assessment）[2]という。その文脈が実生活上遭遇するような課題や問題である場合には，これを特にオーセンティック評価（authentic assessment）として区別する場合がある。つまりオーセンティック評価は，パフォーマンス評価の特別な場合と言えよう。

パフォーマンス評価は，もともとは実技教科で行われていたものである。例

えば，美術の作品を作りそれを評価することは，その典型である。音楽の演奏も同様である。実際に演奏させずに，楽器の使い方についてペーパーテストで評価するなら，パフォーマンス評価ではない。そして，このようなペーパーテストができたとしても，実際に楽器を使えることを保証しないことは明らかである。パフォーマンス評価は，求める課題が実際にできることを必要とする。

このように，実技教科でパフォーマンス評価を考えることにさしたる困難はないが，実技教科以外でもパフォーマンス評価を求めるようになったのが，1980年代後半以降の世界的潮流である。例えば，英語学習では，英文を読んでその意味を解釈したり，自分の意図する内容を英文にしたり，同様のことを会話でもできることが最終目的である。しかし，わが国の生徒は入試に向けてそれこそ何年間も学習しているにもかかわらず，テストを離れて英文を読んだり，会話をしたりすることは苦手である。つまり学習したことを，実際の場面で（入試ではない場面で）活用できないのである。

たとえ知識や技能を個別に学習したとしても（そのような分割が必要な場合はしばしばあるし，実際に行われている），現実の課題や問題に対処する場合や作品を作り出す場合には，それらを統合して用いなければならない。英語学習の最終目的は，コミュニケーションのために，すべての学習した知識や技能を統合して用いることにある。また，英語の会話では，改まった場面（フォーマルな場面）での表現と，日常生活（カジュアルな場面）での表現は異なってくる。会話の行われる状況（文脈）で用いられる表現方法は異なる。つまり，用いられる文脈によって，実際に用いる技能の具体的な内容は異なってくるのである。

つまり，学習した知識や技能を統合して用いることができるかどうかは，一定のまとまった意味ある課題や問題を解決したり，作品等を作り出したりする学習活動を設定して評価しなければわからない。要するに「活用」できるかは，パフォーマンス評価を用いて評価しなければならないのである。

3　パフォーマンス評価の副次的な効果

パフォーマンス評価は学習した知識や技能の「活用」を求めることにその中

心的な目的や効果があるが，加えていくつかの付加的な効果が考えられる。
　①　生徒の学習に対するモチベーションを高める
　　パフォーマンス評価をすることで，学習したことをどう使うかに焦点を当てた指導が促される。そのことは，学習することの意義を生徒に気づかせ，学習への動機を高める。
　②　知識や技能が長期にわたり保持される
　　「活用」の中で学習された知識や技能は，単にテストのためにだけ学習した場合より，長期にわたり記憶される。
　このような副次的な効果も加わって，あらゆる教科でパフォーマンス評価が導入されるようになってきているのである。

4　パフォーマンス評価と「思考，判断，表現」の関係

　学習した知識や技能を「活用」するためには，課題や問題に対して，どのような知識（概念や原理を含む）や技能を用いるべきか，課題や問題の性質や特徴と，知識や技能の特徴とを比較して，適用できるかを考えたり（思考），適切であるかどうかを判断する必要がある。また，知識や技能を実際に適用してみることで，知識や技能に関する理解自体も深まってくる。判断した結果は，問題や課題に応じてどうすべきか，意見，解決方法，作品などとして適切に示す必要がある（表現）。
　このように，パフォーマンス評価の課題に取り組むことは，思考力等を使ったり高めたりする機会ともなるのである。また，知識や技能の理解を深めることにもなる。
　例えば，憲法の条文を学習するだけで憲法の学習が完結するわけではない。具体的な事件や問題に応じて，適用すべき適切な条文を選択して（思考），適用し（判断），その判断を見解として示さなければならない（表現）。結局，このように条文を具体的な事件や問題に適用することを通じて，憲法の条文自体の意味も深く理解するようになる。また，消費税込みの値段が1743円の商品のもとの値段（消費税を除いた値段）を聞かれると，大半の生徒は1743×0.05と計算する。もちろん変な端数が出るので頭をひねることになる。ひどい場合に

は，小数点以下の数値をつけたまま答えたり，四捨五入して答えたりするのである。1743÷1.05とできるのは（通常の学力のあると推定される）高校生でも10％程度である。なさけないことに，わり算を適用すべき場合と，かけ算を適用すべき場合の区別（思考）がつかないのである。もちろん根本的には，1.05で割る意味が理解できていないのであろう。計算練習先行の学習指導の弊害かもしれない。また，でてきた答えが現実の社会の仕組みの中で，意味があるのかを判断できないのである。

■注
(1) この節の内容（分割可能性と非文脈化）は，C. ギップス，鈴木秀幸訳（2001）『新しい評価を求めて』論創社，pp.25-30による。
(2) パフォーマンス評価の意味については，アメリカの一部の論者は，多肢選択式のテスト以外はすべてパフォーマンス評価としている。また，パフォーマンス評価とオーセンティック評価の区別についても，一部の論者は評価のための特別な課題や機会を設定する場合をパフォーマンス評価，評価のために特別な課題や機会を設定しないで通常の授業の中で行う評価をオーセンティック評価としている。

第1章　「思考・判断・表現」とスタンダード準拠評価

4　評価基準体系の枠組

1　ルーブリックとスタンダード準拠評価

　個別の課題や問題を設定するパフォーマンス評価の場合，そのための評価基準をアメリカでは特にルーブリック（rubric）ということが多い。イギリスでは，特に区別しないで評価基準（クライテリオン，criterion）とする場合が多い。

　ルーブリックはあくまで個々の課題を評価するための評価基準である。本書では，主として国全体の評価システムをどう構成すべきかに焦点を絞って考えていく。このような場合は通常，ルーブリックではなく，スタンダード（standard）という用語を評価基準の意味で用いる。

　つまり「思考，判断，表現」のような観点の評価には，スタンダード準拠評価を用いるのが適切である。これらの能力の評価では，多くの問題を出題して正解数を数えるような評価方法（ドメイン準拠評価）を用いることはできない。思考力などは，幼稚なものから高度のものまでのレベルの変化であり，問題の正解数で示せるようなものではない。このレベル変化に対応した評価がスタンダード準拠評価である。

2　レベル区分を考える際の留意点

　思考力等のレベル区分がどの程度できるかは，実際の評価システムを構築するうえで最も肝心な点である。この点でまず確認しておかなければならないのは次の点である。

　① 思考力等のレベルの変化は長期的な視点で見ていかなければならない。
　　これまでの経験上，5，6歳から15歳程度までの間で，8レベル（最も進歩した生徒でも）の変化を区別するのが限度である。

②　あまり細かなレベル区分を設定すると，そのレベル区分の変化の順序から外れた変化（進歩）をする生徒がたくさん出てくる。そのため，1つのレベルによって示す内容に一定の幅をもたせて（細かなレベル区分を避ける），個人差をある程度吸収する必要がある。

③　年齢が上がるにつれて，（望ましいことではないが）同年齢の生徒が達成するレベルの差が広がってくる。小学校低学年では3つのレベル程度であるが，中学になれば5つのレベル程度の違いが生じる。またこれまでの研究では，小学校5，6年から中学1年の間に，ほとんど進歩しない時期のあることがわかっている。このため一定の年数がたてば，必ずレベルが上がるということを前提とすることは危険である。

3　わが国のこれまでの評価基準の問題点

以上のことを踏まえると，平成10年および平成20年の学習指導要領を前提として作成された国立教育政策研究所の評価のための参考資料（それぞれ平成14年版と23年版）や同種の評価資料をみれば，かなり問題があることになる。主な問題点は次の通りである。

①　多くの教科で，1学年ごとにBの基準を示しているが，思考力等が長期的な変化であることを考えると，1年ごとに進歩するとするのは生徒の実態に合わない。

②　①で述べたことは，停滞期のあることを考えれば，いっそう不適切である。

③　上の学年にいくにつれて，達成するレベルの個人差が広がってくることを考えれば，ABCの3段階では，上の学年において，生徒のレベルの差を十分に示しきれない。

④　現行の評価基準は，B基準を詳しく規定しているだけである。Aの基準に関しては，ほとんど具体的な基準が示されていない。そのため，AとBの違いがよくわからない。Cについても同様である。

⑤　④による当然の帰結として，ある学年のAと次の学年のABCの関係がわからない。

第1章 「思考・判断・表現」とスタンダード準拠評価

⑥ 以上の問題が生じたのは，長期にわたる思考力等の発達段階に関する体系的な評価基準がはっきりしないこと，またはドメイン準拠評価のように，知識のような個別的なものの評価に適した方法を暗黙のうちに前提として作成したためであると考えられる。

4 改善の方法

最も理想的なのは，すべての学年を3段階にせず，小学校の高学年以上は5段階にすることである。ただし，評価基準の体系性（レベルの基準が低いレベルから高度なレベルまで体系的に示されていること）は必要である。その体系を構成するレベルを決めてから，ＡＢＣの3段階や高学年での5段階を，この体系の一部のレベルを使って作成する。

例えば次のようにする。まず基本的に小学校では2年ごと，中学校では3年間を1つの評価期間（同一のレベル区分を用いる期間）とする。最初に，小学校から中学校まで，基本となる8つのレベルを仮に基本レベル体系とする。そして，基本レベルを使用して，小学校の低学年（1，2年生），中学年（3，4年生），高学年（5，6年生）および中学校のレベル区分の基準を次表のように設定する。

		低学年レベル			中学年レベル			高学年レベル					中学校レベル				
		1	2	3	1	2	3	1	2	3	4	5	1	2	3	4	5
基本レベル	1	○															
	2		○		○			○									
	3			○		○			○								
	4						○			○			○				
	5										○			○			
	6											○			○		
	7															○	
	8																○

例えば，小学校の中学年（3，4年生）の評価基準は基本レベル8段階のう

ち2，3，4の内容を用い，基本レベル2の内容に到達した生徒の評価は，中学年のレベル1とする。

　もし，すべての学年でABCの3段階をつける現行方式をどうしても維持したいならば，次のように基本レベルの中をさらに細かく3つに区分する方法が考えられる。

・レベル2の上：レベル2の大部分ができる
・レベル2の中：レベル2＞レベル1
・レベル2の下：レベル2＜レベル1

　ここで「レベル2＞レベル1」の意味は，レベル2の評価基準に当てはまる学習結果がレベル1に当てはまる学習結果よりも多いという意味である。

			小学校1年			小学校2年			小学校3年		
			C	B	A	C	B	A	C	B	A
基本レベル	1	下	○								
		中		○							
		上			○	○					
	2	下					○				
		中						○	○		
		上								○	
	3	下									○

　しかし，これはあくまでどうしても学年ごとの3段階評価を維持したいケースである。もっと柔軟な対応をすべきであると私は考える。

第1章 「思考・判断・表現」とスタンダード準拠評価

5 現行の評価基準の問題点

　前節で，スタンダード準拠評価やパフォーマンス評価の必要性を論じ，そこから考えられる，わが国の評価システムの問題点を簡単に指摘した。ここでは，平成14年版の参考資料（国立教育政策研究所「評価規準の作成，評価方法の工夫改善のための参考資料」）を例として，より詳しくわが国の評価システムの問題点を考えてみたい。本節で指摘する問題点のいくつかは，現行の学習指導要領に対応した平成23年版の「参考資料」では改善点が見られたとはいえ（最も顕著な改善点は，評価事例が少数ながら示されたことである），基本的な問題は依然として残されている。より整合性のある，使いやすい資料となることを目指して，残された問題点を考えてみたい。

1　どのような評価理論に基づいているのか

　評価システムを考える場合には，どのような評価理論をもとにして構築するのかという認識がまず必要である。そのような認識なしに評価基準を作れば，評価基準を作成する者も，使う者も混乱する。これまでのわが国の評価基準の開発において，この点での認識が十分であったとはいえない。参考資料には，どのような評価理論にもとづいて作成したのか，明確には示されていないのである。

　ここでは参考資料を取り上げて論じているが，そもそも参考資料の前提には指導要録がある。歴史的に考えれば，わが国では「到達度評価」と翻訳されたドメイン準拠評価がまず紹介された。スタンダード準拠評価がサドラーにより理論的に確立されたのは1987年であり[1]，私がそれをわが国で初めて紹介したのは1997年である[2]。そのため，いわゆる絶対評価や目標準拠評価（クライテリオン準拠評価）を，どうしても到達度評価の考え方で実施せざるを得なかったのである。正確に言えば，暗黙のうちに到達度評価の考え方で実施してきた

のである。

　学校現場では，平成3年の指導要録改訂以来，観点別評価の充実に力を入れてきたが，暗黙のうちに到達度評価の方法で実施することにより，現場の教師は多くの労力をかけた割には十分な達成感を感じられなかった。ドメイン準拠評価が適切な評価の観点と，スタンダード準拠評価が適切な評価の観点を区別して実施すべきであったが，評価理論についての議論が十分になされてこなかったために，問題点の究明や実施方法の改善が十分に進められなかったのである。

2　なぜB基準しか示さないのか

　わが国の学習評価システムでは，観点別に3段階で学習状況を評価し，それぞれAは「十分満足」，Bは「おおむね満足」，Cは「努力を要する」としている。AからCまでのこれらの簡単な表現だけでは，実際の評価ができないのは明白であろう。各教科や科目の学習に即して，何ができれば，どのような様子が見られれば，「十分満足」または「おおむね満足」であるかが分からなければ評価はできない。もし，それぞれの教師がこれを自分なりに解釈して評価すれば，評価の信頼性[3]が損なわれる。そのような信頼性を高めるために，各学校や様々なレベルで評価基準が作成され，平成14年からは，国も参考資料として評価基準を示すこととなった。

　国が示した参考資料の評価基準で最も問題となるのが，Bの評価基準しか示されていないことである。AやCと判断する評価基準は（一部の例として示されてはいるが）示されてはいない[4]。

　Aの評価基準が分からないことは，中学校の場合のように評価結果が生徒の将来に大きく影響する場合には，不公平な結果をもたらす恐れがあるので重大な問題である。Cに関しては，評価基準がまったく示されていない。代わりに，Cにならないように「指導の手だて」を示しただけである。参考資料からはCが分からないので，参考資料をもとに作られた都道府県レベル等の評価基準の多くは，Bの評価基準の言葉を一部使って「……ではない」というふうに，Bの否定形をCの評価基準としている。苦肉の策といってよいであろう。

第1章 「思考・判断・表現」とスタンダード準拠評価

　Cの場合のように生徒の実際の達成水準が分からない場合には、指導の方法も十分に考えることはできないであろう。例えば、小学校4年生でC、5年生でC、6年生でもCの生徒の学習の状況は、まったく分からないこととなる。

　サドラーは、下位のレベルの評価基準は、上位のレベルの評価基準の否定形であってはならないと述べている。つまり、下位のレベルの内容を何も示さないことは、生徒がどこまで達成したか、まったく分からないこととなる。少なくとも、生徒の達成状況を判断することができなければ、適切な指導に支障をきたす。

　このようなB基準中心の評価システムは、先に指摘したように暗黙にではあるが指導要録や参考資料の前提になっている評価理論、すなわちドメイン準拠評価に依拠していると思われる。

3　ドメイン準拠評価の無意識的使用による弊害

　平成14年版にせよ、平成23年版の参考資料にせよ、観点の評価の総括の方法として、単元ごとの観点の評価や内容のまとまりごとの評価の結果を一定の数値的な方法や計算方法でまとめることが示されている。加えて先に示したように、名目上は3段階評価であるが、B基準中心の示し方であることが基本である。C基準が示されていないこと、A基準の示し方も部分的にとどまることなどから、事実上は2段階評価に近くなっている。つまり「できる・できない」といった二区分に近いこととなる。これらの特徴から考えて、指導要録や参考資料の基盤となっている評価理論は到達度評価（ドメイン準拠評価）であると推定されるのである。

　無意識にまたは暗黙のうちにドメイン準拠評価を用いたことにより、最も問題が生じたのは、「思考・判断」の評価基準である[5]。もともとこの観点の能力や技能は、漢字や地名、化学式、英単語のように個別的に学習したり、評価したりできるものではない。非常に優れたものから幼稚なレベルまでの洗練の度合いを評価するものである。言い換えれば「できる・できない」とか「正解・誤り」のような二分法的な評価のできるものではない。

　さらに、「思考・判断」の能力や技能は、単元ごとや一定のまとまりごとな

どで短期的に発達したり，変化したりするものではない。しかし参考資料では，単元ごとに評価したり，一定のまとまりごとに評価したりするような処理を求めている。細かに評価すれば労力がかかるのは当然である。その割に進歩や変化は見られず，教師にとっては労力の割に得られるものが少ないので，徒労感を感じてきたのである。長期的な変化をするこの観点に，細分化した評価をしても意味はない。

4 発達段階を踏まえたレベル設定が必要

　「思考・判断」の観点についての評価基準を実際の教科に即して具体的に見てみると，平成14年版の小学校社会科（観点名は「社会的な思考・判断」，平成23年版では「社会的な思考・判断・表現」に変更）の評価基準では，「適切に判断する」とか「見通しをもって追究・解決している」という文言がいたるところで見られる。他の教科でも言葉は違うが同様の傾向である。

　これらの言葉の前には「地域の人々の工夫や努力との関連を考え，適切に判断している」とか「地域の人々の生活の移り変わりについて問題意識を持ち，学習の見通しをもって追究・解決している」のように，傍線の部分の限定や説明が添えられて，「適切に判断する」や「見通しをもって追究・解決している」の意味を説明したり限定したりしているように見える。その点では，学習内容ごとに評価基準を示していけば，評価基準の意味が明確になると考えられているようである。

　しかし，これは学習内容とのかかわりである。この観点の評価基準で最も肝心なのは，「適切に判断する」の意味やそのレベルである。つまり，参考資料では先に述べたようにB基準中心により「適切に判断している・判断していない」という2つの区分しか実質的には示されていないことが最も問題なのである。同じことは，平成23年版でも繰り返されている。平成23年版では「評価の観点の趣旨」が事実上学年ごとの評価基準となっている。というのは，これに続く「評価規準に盛り込むべき事項」も「評価規準の設定例」も，学習内容に関する記述が異なるだけで，あとは「評価の観点の趣旨」の文言が繰り返されているからである。例を挙げれば「思考・判断したことを適切に表現」（小学

校社会）とか「見通しをもち筋道をもって考え」（小学校算数）など，平成14年版とそれほど変わっていない。

　これまでわが国では，評価基準は学習の内容ごとに細分化して示せば，またその中で「できる・できない」や見かけ上の3段階にしていけば，評価基準が明確になるという考え方で作成されてきた。そのため参考資料でも，具体の評価基準として学習内容ごとに細分化した例を示せば（すべてを示すのは量的に不可能である），問題は解決すると考えたように思われる。

　「適切に判断する」には，まったく誤った（不適切な）判断から，部分的に適切，おおむね適切，非常に適切などのいろいろなレベルがある。また，課題や問題の複雑性の程度によっても判断の困難度は異なってくる。このことを考えれば，「適切に判断している・していない」の二区分ではこの観点の評価基準の設定方法としては不十分である。

　この観点で最も望ましい方法は，思考・判断できることとはどういうことかを教科ごとに明確にしたうえで，そのおおよその発達の様子を把握して，発達段階を踏まえたいくつかのレベルを設定することである。

5　評価基準はスペクトルの区分

　発達段階を考えるための基本的な視点は，思考力や判断力は光のスペクトルのようなものであると考えることである。光のスペクトルは，本来は連続して変化する光の周波数の違いを，一定の部分に色という名称（代表的なものは虹の七色）をそれぞれ与えて，連続するものに一定の区分をしようとするものである。光自体には周波数による無数の違いがあるだけで，七色のような区分はない。にもかかわらず，七色に分けるのは，人間の価値判断や習慣である。ソシュールの言うように，フランスのノルマンディー語では，虹は5色にしか区分されていない。思考力や判断力もこれと同様に，連続的に変化するものであるが，この評価は，われわれの価値観や弁別能力を用いて，この連続体に一定の区分をするものである。

　社会科の例で言えば，「適切に判断している・いない」でとどまるのではなく，「判断の適切さ」のレベルや変化を，スペクトルと同じように何段階かで

評価しなければならない。そのために評価基準を明確化する方法を，これまでは学習内容の細分化によって達成しようとしていたが，そこに根本的な問題があった。学習内容の限定はある程度必要であるが，あまり細分化するのも好ましくない。今後もこのような方向をとるならば，多くの努力がむだになる。そのような事態は避けなければならない。

　今後，この観点に関しては，評価基準の設定に先立って（現状では，少なくとも並行して）長期的な発達の見通しを明確にしなければならない。

6　評価基準の細分化がもたらす問題

　評価基準の細分化は，思考力や判断力の評価基準の明確化に役立たなかったばかりなく，別の弊害ももたらした。

　その弊害の第一は，思考力や判断力は，できるだけ多くの回数で評価することが望ましいという見方を生んでしまったことである。これにより必然的に多くの労力をかけなければならないこととなり，その割には成果があがらなかったのである。この能力に関しては，知識のように毎時間増えていくものでも変化していくものでもない。長期間かけて発達していくものであるから，あまり細かに評価しても変化は見えないのである。

　その評価のためには，多くの回数で細かく評価するのではなく，長期の変化が見取れるようなシステムが必要である。代表例はポートフォリオの作成である。これは，以前の状態と最近の状態を比較できるような資料，それもテストの点数ではなく，パフォーマンス評価を実施してその結果がどのように変化したかを比較して判別できるものである。

　細分化の第二の弊害は，この能力を評価するための課題の性質への影響である。結局この方法は，知識の評価に適したドメイン準拠評価の方法を暗黙のうちに使っているから，課題も知識の評価に適した「できる・できない」という判断を要するだけの課題になってしまうのである。本来，この観点を評価するには，単元を超えたパフォーマンス課題の開発も必要である。

7　ルーブリックについての誤解

　ルーブリックとは，前節で触れたように，パフォーマンス評価を前提とした評価基準である。しかし，わが国の学校でルーブリックと称して用いられている評価基準は，しばしばドメイン準拠評価や参考資料のようなあいまいなドメイン準拠評価システムを前提としていることがある。これは，本来パフォーマンス評価に用いられる評価基準を意味するルーブリックの意味が，参考資料の「具体の評価基準」[6]のようなものと誤解されてしまったことに起因するように思われる。

　さらに注意しなければならないことは，本書で用いているスタンダード準拠評価におけるスタンダードという評価基準を意味する用語は，ルーブリックと意味的に重なる部分があるとはいえ，評価全体のシステムの特徴を示す用語であるのに対して，ルーブリックは特定の具体的な課題（パフォーマンス課題）を評価するために用いられるレベル区分である。

■注
(1) Sadler, R. (1987) Specifing and Promulgating Achievement Standards. *Oxford Review of Education*, 13(2), pp.191-209.
(2) 鈴木秀幸（1997）絶対評価の新たな方向．指導と評価，43(5), p.43.
(3) ここでは特に評価者間信頼性（inter rater reliability），つまり異なった評価者がおなじ生徒の作品や学習を評価した場合，同じ評価結果が出るかを問題とする信頼性である。この評価者間信頼性の高いことを求めるのが評価の統一性である。
(4) 厳密にいえば，平成14年の参考資料では，単元での評価の事例として一部のAの例やキーワードが示されている。また，平成23年度版では，実際の生徒の作品を用いて，Aの例が示されているが，非常に数が少ない。両者とも，一部の単元での例であり，前者は実際の生徒の学習事例が示されているわけではなく，言葉の上で説明されているだけである。

(5) 平成22年の指導要録では，この観点の名前は「思考・判断・表現」となったが，実質的な違いはない。また，この観点の実際の名称は教科により異なる。
(6) 参考資料のすべてがこのような状態というわけではない。教科によっては（例えば国語），ルーブリックと言える例もある。また，平成23年版では，評価事例が少数ではあるが付属しているので，改善されてきている。

6 今後もチェックリスト方式のみでよいのか

　公平性の観点から見て，学校内で各教師の評価が異なるのも，学校ごとに評価が異なるのも問題である（つまり評価の統一性が低いこと）。同じ生徒の学習ならば，だれが評価しても同じ評価結果がでることが望ましい。そこで，どのような評価基準を作成すれば分かりやすく，評価者が異なっても同じような評価ができるのか，そのための方法が提案されてきた。すでに述べてきたように，わが国では暗黙にドメイン準拠評価を用いてその解決を図ってきたのであるが，十分に問題を解決するには至っていない。そこで本書では「思考・判断」の観点については，スタンダード準拠評価に転換すべきであると主張しているのである。

　実際にこの問題を抱えてそこからの転換を図ったのが，イギリスのナショナル・カリキュラムにおける評価システム改革の事例であり，わが国の問題を考える上で，大いに参考になる。イギリスの事例を示しながらここでは説明する。

1　信頼性の高い行動主義的な評価基準

(1)　**チェックリスト方式：すべての評価基準を「できる・できない」で示す**

　行動主義的な評価基準の最も完璧な形は，すべての評価基準を「できる・できない」のような形で示すことである。例えば，「享保の改革を行った将軍が言える」とか「$y = ax + b$のグラフが書ける」などとすれば「できる・できない」の判断が可能である。厳密には，前者は漢字で書けるかどうか，グラフもaやbの値によってさらに区別して評価すべきだ，という意見もありうるが，ここではそこまで厳密に考えないこととする。少なくともこれらは，個別の評価基準ごとに「できる・できない」で判断できる。

　このような評価基準を用いるならば，たくさんの評価基準の設定が必要となり，これらの個別の評価基準を満たすかどうかというチェックリスト方式の評

価となる。

(2) **カッティング・スコア**

　チェックリスト方式よりもう少し広い意味をもたせた評価基準もある。例えば「二桁のたし算（ひき算）ができる」という評価基準では，繰り上がり（繰り下がり）のある場合やない場合で，難易度が異なってくる。そのため，この評価基準を満たすかどうかを調べるには，何種類かの計算問題を出題して，そのうち何題できるかで，この基準を満たすかどうかを判断することになる。これがカッティング・スコアである。カッティング・スコアを何点に置くべきかについては，それ自体が論点となる。

　しかし，ひとたびカッティング・スコアが決まれば，これを上回れば「二桁のたし算（ひき算）ができる」と判断できる。あるいは，カッティング・スコアを2つ設定して「よくできる・できる・できない」というような3段階に分けることもできる。

　わが国の観点別評価での3段階も，もともとはこのようなカッティング・スコアによる区分を暗黙のうちに前提として考えられたと思われる。チェックリスト方式でも，3段階評価を行うことができる。例えば「江戸時代に起きた主な出来事を知っている」という評価基準を設定すれば，江戸時代の主な出来事1つ1つに関するチェックリストの「できる・できない」の合計を一定の数で区分すれば，2段階や3段階の評価ができる。わが国の観点別評価は，こちらの方式とも言える場合もある。

　チェックリスト方式でもカッティング・スコア方式でも，個別の評価基準（チェックリスト方式）や採点基準（カッティング・スコア方式）は明瞭である。したがって，だれがやっても同じ判断ができる。つまり，信頼性は非常に高い（この場合は，正確にはinter rater reliabilityが高くなるというべきである）。また，正解数を量的に処理して，一定の評価を下すこともこの方法の特徴である。

　信頼性を高めたり，評価基準を明確にしたりしようとする場合，通常このよ

うな方法がとられてきたのが，1990年代までの状況であった。わが国でもほぼ同様の考え方で観点別評価が行われてきたと言えよう。

2　行動主義的な評価基準の問題点

　行動主義的な評価の利点は，何といっても信頼性（特にinter rater reliability）が高まることにある。評価基準（テストの場合には採点基準というべきであろう）が明確であるため，だれが評価しても同じ生徒の学習の結果（解答）に対して，同じ評価を下すことができる。

　その反面，次のような問題点も指摘されてきた。

(1)　適用対象が限られていること：妥当性の問題

　例に挙げたような事例では，行動主義的な評価や評価基準（「できる・できない」で判断できる）が適切であるが，学習の目標とするすべての能力や技能にこれを用いるのは，妥当性の点で問題がある。

　一般的に言えば，1つ1つ切り離して評価できるような対象には適しているが，程度を問題としたり複数の要素と関連したりする対象の評価には適していない。つまり，知識や一定の概念を獲得したかについては適合するが，論理的な思考や多角的な思考，適切な表現などといわれる能力や技能の評価には適していない。

　特に，学校教育で身に付けるべき学力の重点が知識の量から問題解決能力へと変わってきた今日では，この方式だけに頼ることはきわめて不適切なこととなる。

　また，知識や概念の評価に適していると述べたが，この方式をわが国の観点の評価に用いる場合には問題が生じている。それは「知識・理解」という観点である。この観点は，量的な知識を問題とするのか，理解の深さを問題とするのかという観点の意味についてである。

　実際の学校では，知識や概念について単に知っているだけでなく，その深さを調べるような評価をしてきた。例えば，算数・数学では，計算問題だけを出題（テスト）してきたわけではない。文章題も出題し，その応用ができるかど

うかをテストしてきた。むずかしい文章題は理解の深さを問題とする。通常，文章題の配点は，単なる計算問題より点数が高く配分されている。このような場合，文章題の出題の仕方，配点の仕方では，カッティング・スコアが変わってくる。

このような学校での対応は，問題や課題の難易を考慮しないで，正解数という量で評価を下す行動主義的な評価方法を，現実には一部修正しているということになる。

(2) **評価基準が多くなること**

チェックリスト方式の評価基準の最大の問題は，評価基準の数が多くなることである。あまり多くなると，たくさんの生徒をかかえている現実を考えれば，実行不可能となる。あるいは，評価に追われて指導やその他のことがおろそかになる。

わが国では，チェックリストに近い評価基準が作成されたが，「できる・できない」の２段階どころか，３段階の評価もあったので，実施上の困難はより深刻であった。平成３年の指導要録の改訂に対応して，各学校でこのような方式の評価基準が作成されたが，私の知るかぎり，職員室のロッカーで保存されるだけという運命をたどったものが多い。

3　イギリスの経験

行動主義的な評価基準の設定の問題は，1990年代のイギリスでの出来事に，最も典型的に示されている。わが国でも事実上生じていたのであるが，あまり正面切って議論されてこなかった（煩雑すぎるという声はたしかに多かったが）。イギリスでは，これが大々的な騒ぎになったので顕在化したのである。

イギリスでのこの問題は，1988年にナショナル・カリキュラムが法律で定められ，これに対応した評価システムが設定されたことから始まった。より正確に言えば，GCSE試験のためのグレード評価基準（grade related criteria）を作成しようとしたときから生じていたのであるが，これにまつわる問題の解決がつかないまま，問題がそっくりナショナル・カリキュラムの評価に持ち越さ

れ，集中的に顕在化したのである。

　ここでは，ナショナル・カリキュラムにおける評価システムの問題を例に，問題がどう生じ，それをどう解決したかについて述べてみたい。

(1) 問題の焦点

　イギリスのナショナル・カリキュラムを実施するにあたり，そのための評価システムが設定された。各教科にいくつかの達成目標（Attainment Target）が設定され，これらの達成目標は10のレベル（5〜16歳までに適用）に分けて，評価基準として達成内容の記述（Statements of Attainment）が設定され，それに基づいて学習の進歩を評価することとなった。達成目標の数は1989年の時点で，英語が5，数学が14，科学が14といった具合であった。

　結局，1990年に7教科について1400の達成内容の記述（評価基準にあたる）が設定され，初等学校の教師は，このうち6教科について評価をしなければならなかった。1教科について平均200の評価基準が設定されたので，1つのレベル当たりでは平均20個の評価基準が設定されたことになる。例えば7歳の生徒の学習評価をする場合には，1教科について4つのレベルの評価基準を用いて評価する必要があったので，80個程度の評価基準を参照して1人の生徒を評価しなければならないこととなっていた。イギリスでは初等学校では1クラスに20人程度の生徒がいるので，80（評価基準）×6（教科）×20（人）＝9600となり，1クラスで9600の項目について評価しなければならなかったのである。実際には，1人の生徒が4つのレベルにわたる学習の達成度を示すことはないであろうが，それでも膨大な数であることにはちがいない。

(2) 教師のボイコット

　このような過大な評価の負担に対して，イギリスの教師は正面切った反乱を起こした。問題を労働問題（過重労働の強制）であるとして，評価そのものをボイコットしたため，問題が顕在化することとなった。その結果，当然大きな社会問題となり，政府も問題に正面から取り組まざるをえなくなった。わが国の教師は，前記のように職員室のロッカーに保存して使わないという穏やかな

方策（benign neglect）をとったため，問題が顕在化しなかったのであろう。

(3) 問題への対応策：デアリング報告

　教師のボイコットとそれに対する社会的な反響を受けて，問題の解決に乗り出したのがデアリング委員会である。委員会は1994年に問題の解決のための報告書を作成した。いわゆるデアリング報告[1]である。この報告書はわが国でもしばしば紹介されているが，評価の技術的な側面に関することについては，あまり触れられていない。

　デアリング報告でも，問題の根本は行動主義的な評価基準の設定にあると考えられた。あまりにも多くの評価基準が教師の負担の限界を超えたものであったことを認めたのである。また，チェックリスト方式の評価を求めると，学習指導が細切れになってしまい，一定の意味のある文脈を設定したまとまりのある学習指導を阻害することも認められた。

　そこで報告では，次のような解決策が提案された。

① 1400以上あった達成内容の記述（Statements of Attainment，評価基準に相当）を全廃する。
② 達成目標を減らすと同時に，達成目標のレベル区分を10レベルから8レベルに減らし，5〜14歳まで用いる。
③ レベルの評価基準の役割を果たしていた達成内容の記述を全廃した代わりに，各レベルでの特徴とされる能力や技能を記述したレベルの記述（level description）を導入する。

　達成内容の記述の全廃により，各レベル平均20個あった評価基準は廃止され，各レベルの特徴を記述した文章表現に簡略化された。チェックリスト方式を放棄して，各レベルの全体的な特徴を文章で表現したのである。カッティング・スコアにあたるものをどう決めるかに困っていたということもあった。毎年どうするか改定を繰り返していたのである。

(4) デアリング報告の効果

　教師の労力の問題は，レベルの記述を導入することによりほぼ解決した。さ

らに達成内容の記述に比較しておおまかな基準となったので、これに対応して評価事例集が作成されることとなった。これにより、評価基準と実際の生徒の学習活動のどこが対応するのか、具体的な内容が分かるようになったのである。

また、生徒の学習状況がどのレベルに対応するかの判断は、どのレベルの記述が最も生徒の学習状況に近いかを教師が判断するベスト・フィット（best fit）方式に改められた。

以上を要約すれば、行動主義に基づいた評価基準（つまりドメイン準拠評価）から、スタンダード準拠評価を前提とした評価基準に転換したわけである。このデアリング報告に沿った改定が実施されてから20年近くたつが、イギリスの学習評価システムは基本的にこの方式で運営されている。

4　わが国でどうすべきか

イギリスで行動主義に基づく評価基準の問題が顕在化したのは、評価結果がリーグテーブル（一種の学校番付表）に使われることになっていたからである。そのため、それがどんなに過重な負担を教師に強いるものであっても、この評価基準に基づいて実際に評価しなくてはならなかったのである。

わが国でこれが顕在化しなかったのは、そのような番付表に使われることがなかったため、実際に用いるところまでほとんどの学校は行かなかったからである。各学校は、評価基準を作成したら、実際に使うことは無理であると感じたため、保管庫に保存することにしたのである。

わが国でA，B，Cの3段階絶対評価による観点別評価が行われるようになったのが平成3年の改訂であり、評定も含めいわゆる絶対評価となったのが平成13年の改訂である。現在までこの間約30年、この評価システムは意図したように定着しているだろうか。教育課程部会でも、学習評価の在り方についてのワーキンググループでも、さかんに評価の簡素化が求められた。それは、今回述べたようなチェックリスト方式が現実的に実行困難であることを多くの方が暗黙に認めていたからであろう。その一方、議論の中で現場の代表者からは、いまの観点を大きく変えないでほしいという声も出された。その真意は、この評価で非常に煩雑になってしまった評価の仕事がこれ以上増えては困るという

理由からであろう。

　問題点はほとんどの教師が感じている。イギリスと同様に対処すべきときが来ているのである。少なくとも「思考・判断・表現」の評価には，チェックリスト方式（に近いもの）を避けるべきである。いいかえれば，暗黙のうちに用いているドメイン準拠評価からスタンダード準拠評価に転換すべきである。

■注
(1) SCAA (1994) *The National Curriculum and its Assesment*. Final Report, SCAA.

7　評価の簡略化と一般的な評価基準

1　「思考・判断・表現」と一部教科の「技能」は一般的な評価基準で

　平成3年の指導要録の改訂以来，評価に関わる負担が大きすぎるという課題が指摘されてきた。この問題も「思考・判断・表現」の観点の評価をドメイン準拠評価で実施していることと密接に関係する。ここでは評価に要する負担をいかにして少なくするかという問題を考えてみたい。

　この場合の対策の要は，評価基準を少なくし，簡略化することにある。評価の簡略化の観点から見れば，「思考・判断・表現」の観点と一部の教科の「技能」の観点については，内容ごとや単元ごとの評価基準は必要ない。各教科で一種類の一般的な評価基準で間に合うのである。これならば評価基準が少ないため，簡略化することは明白である。かつこのほうが細かな評価基準を設定するよりやりやすく，評価の質も向上する。ここでは，その一般的な評価基準を，理科について具体的に示していく。なお，本節の中で示したレベルごとの評価基準は，ハーレン（Harlen,W.）の参考文献を筆者が要約してまとめたものである。

2　理科の一般的な評価基準

　理科をここで取り上げるのは，理科に関しては万国共通であり，国ごとの文化や社会のあり方の影響を受けないため，欧米の研究成果をそのまま取り入れることができるからである。理科の「科学的な思考・表現」と「観察・実験の技能」の2つの観点に関わる発達段階に基づく評価基準については，かなり研究されている。

　この2つの観点は，参考資料の評価基準の趣旨を読むかぎり，理科のプロセス・スキルとして1つの観点にまとめるべきであると私は考えている。いまの

ところわが国ではそこまで整理できていないのは残念である。もともと理科の実験・観察活動を構成する諸要素は，お互いに相互依存関係にあり，独立しているわけではない。例えば，実験計画の作成の内容と，そのための測定手段の選択は切り離せないし，科学的な思考・判断もこれらと関連して用いられる。

　このように観点を2つに分けることに疑問があるとはいえ，わが国の現状を考慮して，ここでは2つの観点を前提として考えてみたい。具体的には，次のようなすべての単元に共通する評価基準を設定すれば十分であり，この評価基準を必要に応じて各単元の内容（電気，風，溶解等）の実験・観察のプロセスに用いることで十分である。逆に言えば，内容ごとに評価基準を作成する必要はない。

(1) 「観察・実験の技能」の観点の一般的な評価基準

　この観点については，平成23年の参考資料（小学校版）での観点の趣旨の説明には，「自然の事物・現象を観察し，実験を計画的に実施し，器具や機器などを目的に応じて工夫して扱うとともに，それらの過程や結果を的確に記録している」（小学校）とあり，これをもとに考えれば，レベル区分として次のようになる。さきにも述べたように，どのような学習内容であっても，共通して用いる。

◆レベル1：明確な相違点や同一点を見つけることができる。これらについて話したり絵に描いたりする。
◆レベル2：いろいろな感覚を用いて（見たり，触ったり，匂いをかいだり，聞いたり）観察する。また，別の生徒の観察結果とも比較する。
◆レベル3：違いが明確な現象の中から，同一の点を指摘できる。観察（実験）について，なぜそのような観察（実験）をしたか，何が発見できたかについて簡単なレポートを書く。
◆レベル4：一定の順序を踏んだ観察（実験）ができる。または，一定の根拠を示した予想を立てて，それを確認するための観察ができる。量的な測定を要するものについての観察もできるようになる。教師の指導を受けて，図で描いたり，表で示したり，グラフを使って結果を示すことができる。

◆レベル5：正確な観察をするようになり，必要な場合には顕微鏡や望遠鏡など適切な道具で観察力を補ったり，適切な測定器具を目的に応じて選択して用いたりすることができる。<u>得られた結果やデータの性質に対応した適切な記録方法を自分で選択して用いるようになる。</u>
◆レベル6：課題の性質に適合した観察方法を選択して用い，なぜそれを用いるのが適切か説明できる。観察結果を示す場合に，適切な科学用語を用い，これらの用語を理解していることを示すことができる。
◆レベル7：正確な観察やデータが得られるように，必要な手続きや配慮ができる。例えば，測定を何回か行い正確を期す。

　ここで下線の部分は，この観点での「記録」と次の観点での「表現」が必ずしも区分できないことを示している。理科では，記録と表現が重なり合う部分が多いのであり，これも2つの観点を区分しないほうがよいと考える理由である。つまり実際の評価基準を考えたとき，観点の区分の問題点が見えてくる。現在の国立教育政策研究所の参考資料でも，評価基準の趣旨の説明では分かったつもりになっても，具体の評価基準になると分からなくなる（違いが不明）ことが数多くある。

(2)　「科学的な思考・表現」の観点の一般的な評価基準
　この観点の趣旨については平成23年版の参考資料に「自然の事物・現象から問題を見いだし，見通しをもって事象を比較したり，関係付けたり，条件に着目したり，推論したりして調べることによって得られた結果を考察し表現して，問題を解決している」（小学校）となっており，これをもとにこの観点のレベル区分をすれば次のようになる。（ただし，この趣旨の説明文でいう「見通し」というのは十分にその意味が確定できないので，科学のプロセス・スキルでいう仮説を立てたり予想をしたりすることと解釈する。）
◆レベル1：疑問に思ったことを質問する。何らかの説明をしようとするが，特徴を述べるにすぎない。どうなるか予想をするが，自分の希望や先入観に沿ったものである。どうやって調べるか役に立ちそうな方法を考えるが，漠

然としている。予想したことと実際に観察したことを比較する。
- ◆レベル2：どうやって調べるかいろいろな方法を考えてみる。関連する経験を引き合いに出してどうなるか考えようとする。ある部分が変化するとどういう変化が起こるかを考えはじめる。
- ◆レベル3：科学的に調べられる質問や問題と，そうでない問題を区別できるようになる。どうなるかを考えようとして，関連する概念の名前や現象名をもち出してくる（現象のカテゴリー分けができるようになる）。
- ◆レベル4：考えられる原因を述べ，そこからどうなるか予想を立てる。一定に保つ変数と変化させる変数を区別するようになる。測定したことからパターンを発見する。得られた結果や証拠と矛盾しない結論を出す。
- ◆レベル5：疑問や問題を，科学的に調べられる形に置き直して調べる計画を立てる。現象の説明にもいくつかの種類があることに気が付き，予想をするにも観察されたパターンを使っている。当初の問題や説明と比較して，得られた結果がどうであるかを論じることができる。
- ◆レベル6：質問や問題を科学的に探究できる形で述べることができる。どのようなプロセスをへて観察された現象や事象が生じるか説明し，確認方法を考えることができる。得られている証拠からどのようにして予想するか述べることができる。得られたデータのパターンから結論を導き，科学的な概念を用いて結論を説明する。
- ◆レベル7：多くの質問や問題の一部だけが科学的な探究の対象となることを認識している。現象の説明は永遠不変のものではなく，一時的なものであり異なった証拠が出れば覆ることを知っている。いくつかの科学的な概念を用いて予想を立てる。

例に挙げた評価基準のなかで，「科学的に探究できる問題や課題を区分できる」というような評価基準，また「科学的な知識は一時的なものであり覆される可能性」などの評価基準は，わが国ではこれまであまり取り上げてこなかった評価基準である。このような評価基準をわが国で入れるかどうかは，議論すべきところであろう。しかし，このような評価の視点がわが国には（少なくと

も明示的には）なかったことは，科学の方法とは何かに関する明示的な教育の不足を意味している。

　このほかに，探究方法の問題点や限界の認識，改善点の指摘などが高いレベル（レベル8）では入るのであるが，わが国の観点の趣旨にないものをあまりたくさん入れてはと考え，ここでは省略した。

　本来は，評価基準の設定の中で，これらの不足している部分を補う必要がある。そのためには，学習のカリキュラムというものは，評価基準を含めて全体を構成するという考え方が普及する必要がある。しかしわが国では，評価はカリキュラムの付属品といった扱いのままである。

　なお，ここで示したレベル区分が，実際のわが国の生徒のどの学年や年齢段階において大部分の生徒に達成可能であるかについては，実際に試行してみて，その結果と照らし合わせなければならないこととなる。

3　一般的な評価基準の適用範囲と使用方法

(1)　一般的な評価基準の適合する部分

　一般的な評価基準が適合するのは，生徒の思考パターンや問題に対するアプローチの仕方に関する部分である。加えて，問題の性質が単純かどうか，つまり1ステップで解決できるか，多段階のステップが必要か，関連する変数や要素，要因がどのくらいあるか，これらの要素の関係が単純（1つの関連）か複雑（クモの巣状）かによっても問題や課題の難易が変化する。このような特徴に該当する能力や技能に関しては，一般的な評価基準が適合する。そして，このような一般的な評価基準の設定に適合するのがスタンダード準拠評価である。

　これに対して，問題や課題の性質が個別的で独立しており，1つ1つ数えられる性質のものは，一般的な評価基準ではなく，点数やチェックリストのような方式が適している。評価基準はこのそれぞれについて作成する必要があるが，このような場合には評価基準自体が単純（できた・できない）であるため，数は多いが難しい判断を要しない。

　一般的な評価基準を用いる評価と，個別的な評価をすべき観点を区別し，それぞれに適した評価基準を用いることで労力の相当部分が軽減される。

(2) 教科による相違

理科については，「科学的な思考・表現」と「観察・実験の技能」について，一般的な評価基準を用いることが望ましい。しかし，これは理科について言えることであり，例えば算数（数学）で「技能」に相応する「数量や図形についての技能」（小学校），「数学的な技能」（中学校）に関しては，観点の趣旨の説明を読むかぎり，一般的な評価基準はあてはまらない。

社会科に関しては，「社会的な思考・判断・表現」と「観察・資料活用の技能」（中学校では「資料活用の技能」）の2観点とも一般的な評価基準で対応できる。

国語については，「話す・聞く能力」「書く能力」「読む能力」に関しては一般的な評価基準が適切である。外国語に関しては「外国語表現の能力」「外国語理解の能力」がこれに該当するであろう。

(3) 一般的な評価基準から個別的な課題についての評価へ

一般的な評価基準を用いる観点については，個別の学習内容でどのような学習活動を展開し，課題を設定すれば生徒のレベルを向上させる指導ができるかを考えたり，レベルを評価できるかを考えたりすることになる。つまり，レベル基準をまず理解し，各学習内容でのレベルが具体的にどうなるかを考えることになる。

例えば，いろいろな植物の葉の観察に関する活動で，どの葉も緑色をしているとか，なかには細長いものがあったり丸いものがあったりするという気づきが言える場合にはレベル1，別の学習内容で軽いものは浮き，重いものは沈むと気が付けば同じくレベル1と判断する。レベル1に加えて，形は同じでも表面がざらざらしている葉とすべすべしている葉があると気が付くようになるとレベル2，（全体の重量が）重くても大きなもの（体積の意味）は浮き，軽くても小さなものは沈むというようなことに気が付くようになればレベル2というふうに判断する。

つまり，学習内容が異なっても（「葉」と「物の浮き沈み」），明確な相違点や同一点に気が付いていればレベル1と判断する。レベル2の例では，葉では

色（色覚）だけでなく形（視覚）を同時に用いているし，浮き沈みでは重さ（運動感覚）と体積（視覚）を用いている。どちらも複数の感覚を用いて観察している点では同じである。

■参考文献

(1) Harlen, W. (2006) *Teaching, learning and assessing science,* 5-12. London: Sage. pp.106-109.

8 一般的な評価基準を用いた評価事例：理科の場合

　ここでは前節で例として紹介した理科の一般的な評価基準，「観察・実験の技能」と「科学的な思考・表現」の2つの観点のレベル基準を，実際の授業（評価）の中でどう用いるか，具体的な評価事例を紹介したい。諸外国では理科のこの2つの観点は通常，プロセス・スキル（処理技能）として扱われており，そのための課題例や評価事例もたくさんある。今回は，主としてイギリスとオーストラリアの事例を用いて，いくつかの課題例と前回紹介したレベルの関係を説明する。

1　理科のプロセス・スキルと学習の転移

(1) 学習の転移は容易ではない

　わが国の理科の教科書にはいろいろな実験や観察活動の事例が紹介されている。例えば，小学校高学年では，一定に保つべき変数と変化させるべき変数を用いて実験が行われている（しかし，いくつかの教科書を見たが，あまり強調されてはいない。もっと明示して指導すべきだと思う）。また，いろいろな測定器具の用い方も，各学年で指導されることとなっている。これらの実験例や測定器具の使用の指導を通じて，生徒は理科におけるプロセス・スキルを学習していくこととなる。このような指導を受ければ，生徒は該当のプロセス・スキル（わが国の理科の観点の「観察・実験の技能」と「科学的な思考・表現」に相当）を学習し身につけることとなるはずである。

　しかし，近年の科学教育に関する研究結果の示すところでは，特定の学習内容に関する学習の中でプロセス・スキルを行使できたとしても，生徒はそのプロセス・スキルを他の学習内容にも応用して用いることができるとは限らないことが分かってきている。

　例えば，5年生の「発芽と成長」では，種子の発芽する条件を実験で調べる

例が示されている。その中で，空気と発芽の関係を調べるにあたり，水の温度をそろえなければならないと注意書きがある（教育出版5年理科上，平成17年p.6）。また物質により水に溶ける量が変化することを調べる実験が教科書に示されており，その際，水の量を一定にしておくべきことが示されている。つまり変化させるべき変数と一定に保つべき変数について，いちおう注意するように指導されることとなっている。しかし，「発芽と成長」で学習した（一定にすべき）変数の問題を，生徒は必ずしも「もののとけ方」の学習内容で考慮するとは限らないのである。

これはいわゆる学習の転移の問題であり，一定の学習内容や場面で獲得した知識や技能が，他の学習内容や場面で応用できるとは限らないということである。「もののとけ方」で学習した，物質により水に溶ける量が変化する実験では，水の量を一定にしておくべきこと（一定にすべき変数）については，この学習内容での"注意事項"としてだけ考えられがちである。つまり他の実験でも必ず考慮すべきことと考えないことがしばしば生じるのである（私見であるが，生徒は一種のマニュアルとして学習しているのかもしれない）。

一定に保つべき変数と変化させる変数の区別と考慮は，理科のプロセス・スキルの根幹の1つである。学習の内容にかかわらず（溶解度であろうが，化学反応であろうが），実験計画を作成する場合に，考慮されなければならない。

(2) **学習の転移の問題と活用**

現行の学習指導要領では「活用」が強調されている。「学習の転移」と「活用」は同じものではないが，重なる部分が多い。

「一定にすべき変数に対する考慮」のプロセス・スキルが，学習の内容にかかわらず転移するようになるためには，多くの学習内容において繰り返し，かつ意図的に（わが国ではこれが不足していると教科書を見るかぎり感じられる）指導しなければならない。もちろん生徒によっては，1回の指導で身についてしまう場合もあるが。

この転移の問題は，評価計画の作成に当たりきわめて重要となる。特に，特定の学習内容（植物の構造，電流，溶解度）ではなく，どの学習内容にも共通

に関連するプロセス・スキルではいっそう重要となる。実際に特定の学習内容を用いて指導されたプロセス・スキルが他の学習内容や場面に転移したことを確認するためには，まったく新しい学習内容や場面を用いて，その中で同じように用いることができるかを評価しなければならない。少なくとも，学習した内容や場面とまったく同じ内容や場面であってはならない。

次に紹介する理科の評価事例は，以上のような学習の転移が生じたかどうか（活用されるようになったか）を調べるものであり，生徒にとっては指導の過程で用いられていない学習内容や場面を用いることを前提としている。いいかえれば，新しい課題に対して，指導したこと（ここではプロセス・スキル）が応用できるかを調べるものである。

もう1つの問題として（前記の問題と関連するが），指導のために教科書等に実験計画が示されていることは当然のことではあるが，このことは逆に，生徒自身が実験計画を考える機会を与えていないことになる。そうした機会を与えるようにしないと，この部分のプロセス・スキルが十分に発達しない。もともとわが国のカリキュラムは，一定の学習内容を身につけさせることに重点が置かれる傾向にあるため，生徒自身に考えさせる機会が少ないという傾向が生じる。ここでは評価を中心に考えるので，実験計画を考える指導が必要なことを指摘するだけにして，実験計画を作成させることを含んだ評価事例も紹介する。なお，「課題例1」において，それぞれの課題はハーレン（Harlen, W.）の文献からの引用であり，アンカーポイントは筆者のオリジナルである。

2　課題例1「植物の葉の観察」

◆用意するもの：ヒイラギとツタ系の植物（アサガオなど）の葉（枝についた状態のもの）

(1)　評価課題1「観察・実験の技能」のレベル1〜3
　　（評価基準の内容は前節7の2の(1)と(2)p.47〜49を参照）
【課題の内容】
　「ヒイラギの葉とツタの葉を見て，同じ点と異なった点を3つずつ挙げてみ

ましょう」

【各レベルでのアンカーポイント】（評価において目をつけるべき点）

・レベル1：葉の形が違う，大きさが違う，両方とも緑色をしているなどを述べる。ヒイラギは，とげが葉の先端についている（観察・実験の技能）。
　→評価基準の該当箇所：明確な相違点と同一点を指摘する。
・レベル2：（前記のことに加えて）ヒイラギの葉は，触るとつるつるしているが，ツタの葉はざらざらしている（観察・実験の技能），なぜ表面がこんなに違うのだろうか。
　→評価基準の該当箇所：視覚だけでなく，触った感触も用いている。
・レベル3：葉の形は違うが，1つ1つの葉が枝から出ている様子は，どちらも交互に出ている点は同じだ。（観察・実験の技能）。
　→該当箇所：違いが明確ななかで，同一点に気がつく。

(2) 評価課題2「観察・実験の技能」のレベル4，「科学的な思考・表現」のレベル2

【課題の内容】

「葉の大きさが，1本のツタ（ヒイラギ）のなかでも異なっていることに気がついたら，大きさを比較する方法を考えさせる」

【各レベルでのアンカーポイント】

・レベル4：方眼紙に葉の輪郭を写し取り，方眼紙のマス目を数えて面積を測り比較しようとする。これがヒイラギである場合には，とげが痛いので別の方法（例えば，葉の縦の長さを比較する）を用いる（観察・実験の技能）。これは「科学的な思考・表現」のレベル2にも該当する。
　→評価基準の該当箇所：「観察・実験の技能」の「量的な測定を要するものについての観察ができる」に該当する。「科学的な思考・表現」の「どうやって調べるかいろいろな方法を考えてみる」に該当する。

(3) 評価課題3 「観察・実験の技能」のレベル4または5,「科学的な思考・表現」のレベル4
【課題の内容】
「ヒイラギの葉の大きさが比較できるようになったら,ヒイラギの葉の大きさは,どのように変わるか,または葉の大きさの違いにより異なることはないかを考えさせる。その中で,葉の大きさの違いにより,とげの数が異なることに気がついたら,とげの数と葉の大きさの関係を調べさせ,結果を適切に示す方法を考えさせる」
【各レベルでのアンカーポイント】
・レベル4または5:教師の指導を受けて,とげの数と葉の大きさを表やグラフで示した場合には,「観察・実験の技能」がレベル4,教師の指導を受けないで自分で考えて表現した場合にはレベル5となる。
→評価基準の該当箇所:「自分で考えて表現方法を選択した場合」には,レベル5となる。ヒイラギの葉が大きくなるととげの数が多くなることを発見できれば,「科学的な思考・表現」の「測定したことからパターンを発見」に該当し,レベル4となる。

(4) 評価課題4 「科学的な思考・表現」のレベル5
【課題の内容】
「ヒイラギの葉が例えば4cmだったら,いくつのとげがあると思うかと質問する」
【各レベルでのアンカーポイント】
・レベル5:課題3でグラフを書き,このグラフをもとに4cmの葉のとげの数を予想したら「科学的な思考・表現」のレベルが5であると判断する。さらにこれを検証するために4cmの葉をさがして,確認しようとすればレベル6に向かいつつある。

3 課題例2 「粘着テープの接着力」

この課題例は,課題例1に比べて,非常にオープンな課題である。生徒は,

第1章 「思考・判断・表現」とスタンダード準拠評価

どのように調べるかほとんど自分自身で考えてみることを必要とする。オープンな課題では、いろいろな技能や能力、レベルの評価が可能である。

(1) 課題の内容

「ここにあるセロハンテープ、紙の粘着テープ、布テープ、ビニールテープ、マスキングテープのうち、どのテープが強力か調べてみよう」

(2) 評価できるレベルと観点

① この課題でまず生徒が考えなければならないのは、「テープが強力」という意味である。強力ということを、ひっぱった力に対してどのくらいもちこたえることができるかを測定すればよいと考えることができれば、「科学的な思考・表現」のレベル5の「科学的に調べられる形に置き直す」という評価基準に該当する。

また、ひっぱるといっても、接着面に対して、どのような角度でひっぱった場合を比較するかを考えるようになれば、「観察・実験の技能」のレベル6の「課題の性質に適合した観察方法を選択して用い」に近づきつつあることになる。もっともこのレベルを確認するには、これだけでは不十分である。

② 次に、ひっぱる力をどのようにして加えるかを考え、かつ一定にすべき変数を考慮しなければならない。この際、それぞれのテープの接着面積が同じでないと、科学的な実験とはならないことに気がつかなければならない。このことについて、日ごろの経験から、接着力を強くするためには、同じテープでもたくさん用いる（面積を広げる）ことが必要であることから、テープの接着面積を同じにしないと、科学的な実験とはならないことに気がついている場合には、「観察・実験の技能」のレベル4の「一定の根拠を示した予想ができる」に該当する。この場合には、実験の結果を予想しているのではなく、実験の結果を左右する変数に気がついて、それを一定にすべきであるという判断に用いている。

③ 各テープについて一定の同じ面積で接着させて、このテープに力を加えて（バネばかりや錘をテープにつけてはがれるまでの荷重を）調べてみる。教

師が指導しなくとも，同じテープでも何回か繰り返して測定し，得られたデータを一定の表で整理して示すことができれば「観察・実験の技能」でのレベル5の「得られた結果やデータの性質に対応した適切な記録方法を自分で選択して用いる」に該当する。

　さらに他のデータと比較して，異常な数値は排除し，それ以外の数値の平均を用いたりするようになれば，「観察・実験の技能」のレベル7に該当することになる。

4　評価のあり方の変更は授業づくりの改善に直結する

　「思考・判断・表現」の観点（より正確には各教科の観点ごとに言うべきであるがここでは一般的な表現で言うこととする）を評価するためには，このような各レベルの能力や技能を生徒が実際に示すことのできる課題や問題を設定する必要がある。評価をすることをここでは中心に述べたが，評価する前にこのような能力や技能が発達するように指導することがまず必要である。評価を考えることは，逆にどう指導したらよいかを考える手掛かりとなり，指導の改善につながるのである。

■参考文献

(1) Harlen, W. (2006) *Teaching, learning and assessing science*, 5-12. London: Sage. pp.187-190.

第1章 「思考・判断・表現」とスタンダード準拠評価

9　カリキュラム構成論と評価システム

　ここまでのところで，わが国の評価の在り方を考える基本的な視点として，国全体の評価システム，具体的には指導要録での評価や，国立教育政策研究所の作成した参考資料（平成14年版と23年版）を中心に述べてきた。評価理論から考えて，わが国の評価システムのどこに問題点があるのか，さらにその改善の方法について理論面と一部の教科（理科）での具体策を例示して論じてきた。
　ここでは，評価理論を離れて，カリキュラム構成論からわが国の評価システムの問題の由来を考えてみたい。その理由は，参考資料の評価基準の作成方法にある。
　参考資料の作成の基本的な考え方は，最初の部分に説明されている。平成14年版「評価規準作成のための参考資料」や平成23年の参考資料は，新学習指導要領の各教科の目標，学年（又は分野）の目標及び内容の記述をもとに作成されており，「内容のまとまり」ごとに「評価規準に盛り込むべき事項」と，さらにこれをより具体化した「評価規準の設定例」を示している。「評価規準の設定例」は，「原則として，新学習指導要領の各教科の目標，学年（又は分野）の目標及び内容のほかに，当該部分の学習指導要領解説の記述をもとに作成」したと述べている。要するに，わが国の評価基準は，学習指導要領の目標が評価基準になるという基本的な考え方により作成されている。果たしてこれでよいのであろうか。
　そこで，参考資料が学習指導要領とその解説をもとに作成されていることを考えて，カリキュラムをどう作成するかというカリキュラム構成論から，わが国の評価システムの特徴や課題・問題を考えてみたい。
　次に具体的な問題点について，国語を例として示していく。国語は，新学習指導要領で強調されている「言語力」の育成を担う中核となる教科であり，国語を取り上げることが適当である。また，学習指導要領の改訂に際して，最も

力を入れた教科と思われるからでもあり，欧米での言語力の発達の研究成果を一部取り入れていると見られる部分もあるため興味深い。

1　カリキュラム構成論からどうみるか

　わが国の評価に関する基本的な思考は，評価の技術的な面よりも，カリキュラムをどのように作成するかというカリキュラム構成論に強く影響されている。「目標準拠評価」という評価用語自体が図らずもこの点を（偶然？）物語っている。つまり，「カリキュラムに示された目標がそのまま評価基準になる」という意味に解釈される傾向にある（評価は教育目標から論理的に導き出されるものとは言えないのであるが）。参考資料も，基本的な考え方を述べた部分からはそのような線に沿って考えられていると前に述べた。

　そこでカリキュラム構成論自体から，課題を考えてみたい。カリキュラムを構成する基本的な考え方には4つの種類がある。

(1)　学習内容中心のカリキュラム構成論

　これは一定の事実や概念，原理，題材を中心にカリキュラムを構成する方法である。例えば，一定の漢字や文法事項の学習，都道府県名や各県の特徴，連立方程式の解法，オームの法則など学習すべき内容を中心にカリキュラムを構成する方法である。なぜその内容を学習すべき事項としているか（逆にそれ以外を排除しているか）については，多くの場合，長年の経験による。このようなカリキュラムでは学習内容の量がしばしば論争の焦点となる。たいてい学習内容を減らすと学力低下を指弾され，増やすと詰め込みとの批判を受けることになる。

　学習内容中心のカリキュラムでは，カリキュラムで規定する学習内容を一定の年齢や学年で学習させるように求める。

　わが国のカリキュラムはこの学習内容中心のカリキュラムである。教科によっては1年ではなく2年の幅をもって学習させるべき内容を規定している教科（例えば国語）もあるが，検定教科書を考慮すれば，実態としてはすべて学年ごととも言える。

第1章 「思考・判断・表現」とスタンダード準拠評価

(2) プロセス中心の構成論

　このカリキュラム論の特徴は，生徒の発達段階に対応したカリキュラムを考えるべきであるとする。いいかえれば，一定の学年段階で学習内容を決定するのではなく，生徒それぞれの能力や興味関心の発達段階を重視すべきであると考える。

　また特定の学習内容だけではなく，いろいろな分野に応用可能な能力の発達を重視する。つまりここで言う「プロセス」の意味は，一定の学習の過程だけではなく，処理能力（以下，プロセス・スキルとして言及する）も含めて考えている[1]。思考力や判断力の発達を重視しているとも言える。

　プロセス中心のカリキュラムは，学習内容と異なり，学年や年齢とこのような能力の目標レベルを一対一の形で規定できないことを認めようとするものである。一定のレベルに到達できるかは，生徒によってかなり異なることを重視しているのである。

(3) 目標中心のカリキュラム構成論

　この考え方は，学習の目標を設定し，その目標にいたる過程については，各学校や教師の裁量を広く認める考え方である。学年ごとや年齢ごとの学習内容や，習得すべき技能や能力については学校の裁量を広く認めるカリキュラムである。現在，オーストラリアのカリキュラム（outcomes framework）がこの考え方に基づいて作成されている（オーストラリアにはナショナル・カリキュラムはなく，州ごとに作成されているが，各州の基本的な考え方は同じである。ただし，2008年よりナショナル・カリキュラムの作成に着手している）。

　このカリキュラム構成方法では，目標の具体的な内容により，学校の裁量の範囲はかなり異なってくる。つまり目標をどの程度，具体的，詳細に規定するかにより，学校や教師の裁量の範囲は相当異なる。

　極端なケースは，行動主義的な考え方である。この考え方では，できるかぎり具体的，詳細な目標（その極限では，「できる・できない」で判断できる目標）を設定するため，教師はこの数多くの詳細な目標をカバーすることに追われる。そのため，実質的な裁量の範囲はきわめて狭まる。本章第6節に述べた

とおり，イギリスの1994年より前（つまりデアリング報告による改定以前）のナショナル・カリキュラムはこれに近かった。教師がテストをボイコットする騒ぎとなったため，デアリング報告により改定されたカリキュラムは，目標をより一般的，抽象的な内容に置き換え，学校や教師の裁量に任せる部分を拡大した。その結果，実態としてはオーストラリアのカリキュラムと似たものとなった。

(4) **評価中心のカリキュラム構成論**

これは(3)の目標中心のカリキュラムの一変種と考えられる。つまり，学習の目標を，評価基準や評価に用いる課題によって示そうとするものである。典型例はアメリカのMDI（Measurement Driven Instruction，評価主導の学習指導）の運動である。

評価が社会的に大きな影響を与えたり一般の人々の関心を呼んだりする場合（ハイ・ステイクスという）には，評価に用いる課題や問題に合わせた学習指導を学校や教師は選択することになる。わが国の高等学校教育は，少なくともいわゆる進学校に関しては，実態としてこの評価中心のカリキュラムとなっている。まさに一種のヒドゥン・カリキュラムである。もちろんここでいう評価とは，センター試験や受験しようとする大学の試験問題である。アメリカのMDIよりもわが国の例のほうが，典型的な評価中心のカリキュラムと言えるであろう（公式には認められないが）。

(5) **4つの類型とその比重**

この4つの類型は，具体的なカリキュラムにおいてどこに比重がかかっているか，重点がおかれているかの区分であり，例えば内容中心のカリキュラムが，プロセス中心のカリキュラムの要素をもたないということではない。

さらに注意しなければならないのは，わが国の高等学校教育でのヒドゥン・カリキュラムのように，公式のカリキュラムと実態がずれていたり（高等学校での未履修問題はその典型である），学習指導要領に加えて検定教科書も事実上カリキュラムを構成すると考える必要があったりする。さきに述べたように，

第 1 章　「思考・判断・表現」とスタンダード準拠評価

わが国のカリキュラムは教科書の内容を考えれば，学年ごとに詳しく学習内容を規定した学習内容中心のカリキュラムである。

2　カリキュラムの変化と評価方法の対応

さて，以上のような分類はあくまで一定の時点での区分である。カリキュラムも時間とともに変化する。イギリスのカリキュラムの変化についてはすでに述べたが，わが国のカリキュラムも少しずつ変化してきている。例えば，現行の学習指導要領で強調されている「現場主義」（学校や教師の裁量や工夫の余地の拡大）は，学習内容中心のカリキュラムからの変化の兆しとも受け取れる。また，思考力や判断力，さらに活用力の強調は，プロセス中心のカリキュラムへ向かっての比重の変化の始まりを示すものである。

また，教科によっても，教科の特質を反映して，比重の置き方が異なっている。算数や数学，社会などは，典型的な内容中心のカリキュラムであり，国語はプロセス中心のカリキュラムの特徴をかなりもっている。特に「話すこと・聞くこと」「書くこと」「読むこと」は，観点の性質上，プロセス中心のカリキュラムの特徴をもたざるをえない。

このように教科による温度差を認めるにしても，全体としての学校や教師の裁量や創意工夫の拡大，プロセス・スキル重視への移行などを考えれば，評価のあり方も学習内容中心のカリキュラムに対応した評価システムから，プロセス・スキルの育成に適合した評価システムへと移行していかなければならない。

「児童生徒の学習評価の在り方に関するワーキンググループ」の平成22年の「報告」で，長期的な視点から生徒の能力や技能の発達段階をとらえる評価基準の開発を求めているのも，このようなカリキュラムの変化を見ているためである。

学習内容中心のカリキュラムに対応した評価は，学年や年齢ごとに学習すべき事項を習得したかを評価することになる。つまり，各学年や年齢ごとに一定の目標や到達すべき水準を定めて，そこに到達したかどうか（基本的に2段階「できた・できない」であるが，わが国のような3段階でも同様である）を評価するシステムである。

一方，プロセス中心のカリキュラムでは，生徒個人の発達段階を重視しており，一定の学年や年齢での到達水準を2段階や3段階で区分をしない。思考力や判断力は，学年単位や各年齢に対応した発達をするという根拠はない。一定の年齢で，このくらいの発達段階に到達する生徒が多いと言える程度がせいぜいである。

そのためプロセス・スキルや思考力や判断力を，学年ごとにＡＢＣで評価することはもともとかなり困難なことである。しかし，わが国のカリキュラムが長年にわたり学習内容中心のカリキュラムであったため，思考力や判断力まで学習内容と同じ評価でよいとされてきてしまったのである。

3　参考資料（平成23年版小学校）の国語の評価基準を例として

これまで説明した問題について，国語を例として考えてみたい。国語の「話す・聞く能力」「書く能力」「読む能力」（以下3観点として言及する）の3観点は，さきに指摘したようにプロセス中心のカリキュラムの特徴をもっている。参考資料の評価基準自体も，他の教科のように学習内容（一定の知識や概念）に関連付けて述べるのではなく，一定のプロセス・スキルを中心に記述されている。例えば，算数の「数学的な考え方」の観点では「2位数の加法及びその逆の減法の計算の仕方を考えている」（小学校2年）と記述しているが，国語では「互いの話を集中して聞き，話題に沿って話し合っている」（小学校2年）としており，特定の知識や概念を用いた記述ではない。

プロセス中心のカリキュラムでは，学年や年齢ごとの到達基準を設定することが困難であることはすでに述べた。もともと小学校国語の学習指導要領も2年間を基本として学習内容を規定している。これを受けて参考資料の評価基準も，2年間を単位とした評価基準となっている。これは，3観点については学年ごとのプロセス・スキルを設定することが困難であることに起因していると考えられる。

さらに参考資料が，「評価規準に盛り込むべき事項」として示していることが注目される（学校でのさらなる工夫を求める意味であろうか）。このような示し方は他の教科でも同様であるが，他の教科と異なり国語の場合は，2年間

の学習についての評価基準である。

1，2年の「読む」の評価基準は次のようである（簡略化して示す）。
・語のまとまり，言葉の響きなどに気をつけて音読する。
・時間的順序，事柄の順序を考えながら読む。
・場面の様子について，登場人物の行動を中心に想像を広げながら読む。
・大事な言葉や文を書き抜いている。
・文章の内容と自分の経験とを結び付けて，自分の思いや考えをまとめ，発表し合う。
・楽しんだり知識を得たりするために，本や文章を選んで読んでいる。

　各学校や教師がまず考えるのは，このような評価基準に盛り込むべき事項を，1年と2年にどう振り分けるべきかである。学年ごとに3段階に評価することを求められている以上，どれが1年生で，どれが2年生かを区分するか，前記の文章で示された評価基準それぞれをさらに2つのレベル（1年のレベルと2年のレベル）に区分するかである。

　実際には，この評価基準を1年と2年に振り分けるのはまず無理である。もう少し別の評価基準を加える必要がある。この評価基準を2つのレベルにさらに区分する方法に関しては，少なくとも言語表現では区分を示すことは不可能である。考えられる唯一の方法は，評価事例集で1年生の「おおむね満足」，2年生の「おおむね満足」の例などを示すことである。

　しかし，これはあくまでやむをえない処置である。プロセス・スキルを学年ごとに2段階や3段階で評価することが，これまでの学習内容中心のカリキュラム構成論に立って評価も考えている現れであると考えられる。

■注
(1) わが国では，英語のprocessを過程と訳す場合が多いが，文脈によっては情報等の処理という意味で用いている場合もある。

10 評価基準を設定するための3つの方法

　前節で述べたように「学習の目標が評価基準になる」という言い方は，非常に誤解を招きやすい表現である。学習の目標と評価基準は当然関係していなければならないが，学習の目標がそのまま評価基準になるという意味であれば，これはあまりにも単純な見方である。目標準拠評価という用語が，そのような誤解を与えているかもしれない。目標＝評価基準と考えてはならないと明確に述べたのは，スタンダード準拠評価を最初に理論化したサドラーである。

　それでは，評価基準をどのように作成するべきであろうか。スタンダード準拠評価では，言語表現による評価基準と評価事例集で生徒の学習の進歩の段階を評価する。当然それは生徒が実際にどのような進歩をするかという現実の発達状況を踏まえて考えられなければならない。

　評価基準が「できる・できない」という単純なものであれば，評価基準の設定技術の研究は必要ない。わが国では，目標＝評価基準という考え方が強いため，どうしても目標に対して「できる・できない」という二分法的な評価基準の考え方をしがちである。そのため，評価基準をどのように規定するかに関して自覚的に研究してこなかった。どちらかといえば，場当たり的に対処してきたのではないだろうか。

　今回は，サドラーが示した評価基準の設定方法（レベル区分をどのように作成するか）に関する技術の説明を示し，実際の評価基準にどう用いられているか紹介したい。そのような技術の自覚的な研究と応用なしには，優れた評価基準の開発は不可能である。

1　評価基準を設定する3つの方法

　この技術的な問題に関して，サドラーは1987年のSpecifying and Promulgating Achievement Standards[1]という論文の一部で論じている。そ

れをもとに実際の評価基準の内容を考慮して考えれば，評価基準の設定方法は主として3つの方法に区別できる。（注：以下で説明する①～③の分類名は筆者が名づけたものである。）

① 積分法

これは，最も上位のレベルに見られる特徴をすべて列挙して，これより下のレベルはこれらの特徴のいくつかが不足していくとして規定する方法である。逆に言えば，上位のレベルは，下位のレベルの特徴を達成したうえでさらに新しい特徴が加わるとする方法とも考えられる。実際にはこちらの方法をとる例が大半である。

ただし，下位の特徴を示す評価基準のすべてを満足させない場合には，たとえ上位のレベルの特徴が見られても上位のレベルと判断してはならないとすると，これは一種のマスタリー・ラーニングになる。下位のレベルの特徴（評価基準の内容）が1つでも見られないと，上位のレベルになれないとすると，生徒のレベルは最も下位のレベルで決まってしまうことになる。

② 不連続区分法

これは，各レベルに特有の特徴を規定する方法である。つまり，基本的に各レベルはそれ独自の特徴を記述して示す。ただし，上位のレベルに見られる特徴の否定形が下位のレベルというわけではない。

このように各レベルにだけ独特の特徴を導き出すことは，サドラー自身もきわめて難しいと認めている。そのような例がまったく見られないわけではないが，基本的にこのような規定の仕方は，ある種の特徴は連続したものではなく，非連続な場合があるという前提に立つものである。

しかし，このような特徴が特定のレベルを示す決定的なものとするのではなく，一定のレベルやいくつかのレベルの範囲に特徴として多くの場合見られる，とゆるやかに解釈すれば，実際の評価基準にしばしば用いることができる。

③ 連続的変化区分法

これは，一定の特徴をすべてのレベルに設定するが，その特徴の程度を示す表現をつけて設定する方法である。例えば，「非常によく」「かなりよく」「部分的に」「ほとんど…ない」などで程度が示される。

10 評価基準を設定するための3つの方法

　このレベル規定の特徴は，②の場合とちょうど反対に，一定の特徴が連続した性質をもつことを前提としている。この方法の問題点は，程度を示す表現だけでは，具体的な評価基準の意味内容の解釈が，評価者により異なってしまうことである。他のレベルとの境界線がつきにくくなるとも言える。これを解決するには，具体的な事例で，評価基準の意味する内容を説明する必要がある。

　すべての評価基準がこの3つの方法のどれかに該当するというわけではないが，このような3種類を念頭におくと，評価基準の理解や設定に役立つ。

2　具体的な応用事例

(1)　評価基準の事例

　以上のような3つの方法が具体的な評価基準としてどう用いられているか，その事例を次に示したい。実際の評価基準の設定にあたっては，前記の3つの方法を組み合わせて用いている。評価基準を設定するにも，一定の原理や方法論を自覚して設定することが必要である。

　事例として用いるのは，西オーストラリア州で用いられている，「社会と環境」という学習範囲（わが国の社会科に相当）の「探求技能」という分野（Strand）の一部「情報の処理と解釈」（Processing and Interpreting Information）という評価の観点（Substrand）である[2]。オーストラリアの評価の観点とわが国の観点は同じでないが，わが国の社会科の「社会的な思考・判断・表現」と「観察・資料活用の技能」の一部に相当する。

◆「情報の処理と解釈」のレベル基準
・レベル1：情報を簡単なカテゴリーに分け，どうまとめたらよいか意見を言う。
・レベル2：問題（課題）に関連する情報を選択，分類し，比較する。
・レベル3：（問題や課題の）中心となる考え方やパターンを認識し，不適切な情報は捨て，情報を表現に適した形に作りかえて構成する。
・レベル4：いろいろな情報源や見方から情報を見つけたり，選択したりして，

同じような考え方を関連づけて，一般化する。
・レベル5：いろいろな情報源から証拠となる情報を集め，証拠に見られるパターンを説明することで，特定の見方を示す結論を導く。
・レベル6：さまざまなものの見方を，正確さ，偏見，意図的な省略などの点から分析し，一定の議論についての結論を導く。
・レベル7：集められた証拠と一致する結論を導くが，集めたデータが結論を導くのに十分かについて考察している。
・レベル8：データの不確実性が結論に影響することを認識しており，必要以上に一般化した結論を避けている。

(2) 3つの方法がどう利用されているか
　① 積分法
　積分法は，この例のレベル1〜8の全体に及んでいる。つまり，基本的には上位のレベルは下位のレベルを含んでいるとの前提で作られている。しかし，前述したようにこれはマスタリー・ラーニングの考え方に立脚しているわけではないため，下位のレベルの評価基準をすべて満たさなければ，それより上位のレベルとして評価してはならないというわけではない。下位のレベルが部分的に達成できなくとも，上位のレベルの評価基準を多く満たせば，上位のレベルと評価されることは可能としている。

　なぜなら，思考力や判断力のような能力の発達では，生徒の発達過程に個人差があり，必ずしも典型的な発達をするとは限らないからである。マスタリー・ラーニングが適合するのは，前の段階を達成しなければ後の段階に進めないような学習内容の場合である。例えば，1桁のかけ算や九九ができなければ，2桁のかけ算はできない。三角形の性質を知らないで，多角形の性質を学習できるとは思えない。

　② 不連続区分法
　レベル1とレベル2は，「情報の簡単な分類」によって特徴づけられる。いっぽうでレベル3を特徴づけるのは，「(問題や課題の) 中心となる考え方やパターンの認識」であり，この認識を基礎として，関連する情報とそうでない

情報を区別することになる。

　「結論を導く」ことは、レベル5以上で登場する特徴である。これはレベル5をレベル4以下と区分する。逆に言えば、レベル5以上は、仮説や予想を立てたり、一定の問題や課題の解決を明確に意図したりする学習でなければならない。「結論を導く」ために、レベル5以上では「情報」という用語ではなく「証拠（evidence）」という言葉が用いられるようになることに注意していただきたい。

　このように、各レベルごとに、非連続的な特徴が描き出されていると分析することが可能である。

　③　連続的変化区分法

　レベル5～8は、「結論を導く」過程での洗練の程度により区分されている。これは③の連続的変化区分法を用いていることになる。つまりレベル5では特定の見方による結論、レベル6では複数の見方を踏まえた結論、レベル7、8では結論自体の有効性や限界の分析が入ってきている。

　また、レベル1～4は、「情報の処理」の洗練の程度により区分されている。レベル1は情報の簡単なまとめ、レベル2は比較、レベル3は情報の加工、レベル4は似たものを合わせて一般化をしている。情報の処理におけるより高度な手法への変化が、レベル区分として用いられている。

　これらは、③の連続的変化区分法の利用であると考えられる。

(3)　社会科での評価基準の特徴と問題点

　次に以上の3つの評価基準の設定法を用いて、わが国の評価基準を分析してみたい。例として平成23年版の参考資料の社会科（小学校）を取り上げる。さきに紹介した西オーストラリア州の評価基準に近い、社会科の「社会的な思考・判断・表現」と「観察・資料活用の技能」である。

　この2つの観点の評価基準（観点の趣旨をここでは示す）を要約してみる。

◆小学校3・4年
・学習問題を見いだして追究し、<u>相互の関連</u>について思考・判断したことを適切に表現している。（思考・判断・表現）

第1章 「思考・判断・表現」とスタンダード準拠評価

・的確に観察，調査し，資料を活用し，必要な情報を集めて<u>読み取る</u>。（観察・資料活用）

◆小学校5年
・学習問題を見いだして追究し，<u>社会的な事象の意味</u>について思考・判断したことを適切に表現している。（思考・判断・表現）
・的確に調査したり，資料を活用したりして，必要な情報を集めて<u>読み取ったりまとめたり</u>している。（観察・資料活用）

◆小学校6年
・学習問題を見いだして追究し，<u>社会的事象の意味についてより広い視野から</u>思考・判断したことを適切に表現している。（思考・判断・表現）
・的確に調査したり，資料を活用したりして，必要な情報を集めて<u>読み取ったりまとめたり</u>している。（観察・資料活用）

　下線で示した部分が，評価基準の変化が見られるところである。つまり「思考・判断・表現」の観点では「相互の関連」（3・4年）が「社会的事象の意味」（5・6年）に変わる。「観察・資料活用」の観点は「読み取る」（3・4年）が「読み取ったりまとめたり」（5・6年）に変わる。また「思考・判断・表現」の観点の5年と6年で「より広い視野」の変化もある。

　全体として，3・4年と5・6年の違いは「関連」と「意味」，5・6年での「まとめ」の登場に集約される（5年と6年での「より広い視野」の区分もあるが）。これは前記の②の不連続区分法に相当する。この不連続の区分内容の当否はさしおいて，4年間をこの区分だけでよいのかどうかが，検討を要するのではなかろうか。小学校5・6年生になれば，生徒の学習の進歩には相当の開きが出てくるであろう。この評価基準よりももっと進歩する子どもがいる一方，残念ながら3・4年生の評価基準にさえ到達しない子どももでる。

　評価基準を設定する方法は，不連続区分法だけではない。③の連続的変化区分法も組み合わせることが通常は必要である。それは不連続をそれほど数多く発見できないからである。6年で「より広い視野」が付け加わるのはその例である。

　さらに，3・4年生の中での評価基準が「相互の関連」と「読み取る」だけ

でよいものかどうか。この2年間でも，児童の到達の程度は開くはずである。特定の学年に1つの達成度レベルを当てはめることには無理があるのではないだろうか。

　ここでの評価基準はB基準「おおむね満足」を示している。A基準「十分に満足」とC基準「努力を要する」は③の連続的変化区分法であるとすれば，これらの言語表現だけでは内容を明確化できないので，評価事例（実際の子どもの作品等）で補足しなければならない。平成23年の参考資料では評価事例を示しているが，きわめて少数であり，十分な補足になっているとは言い難い。根本的な問題は，特定の学年にB基準を設定し，AやCについては十分に規定しないこと，さらにAやC以上，または以下の生徒が実際には出てくることを考慮していない点にある。

■参考文献

(1) Sadler, R. (1987) Specifying and Promulgating Achievement Standards. *Oxford Review of Education*, 13(2), p.203.
(2) Education Department of Western Australia (1998) *Student Octcome Statement*. Perth. p.103.

第1章 「思考・判断・表現」とスタンダード準拠評価

11 「参考資料」に足りないもの：英語を例として

1 「評価規準の作成のための参考資料」の「参考」の意味

　これまで，学習の目標がそのまま評価基準となるわけではないこと，評価基準の設定にはそれ自体の技術があることを述べてきた。

　国立教育政策研究所の平成23年版の参考資料「評価規準の作成，評価方法等の工夫改善のための参考資料」の構成を見てみると，まず，「観点の趣旨」の説明が観点ごとにあり，次に内容のまとまりごとに「評価規準に盛り込むべき事項」と「評価規準の設定例」が示されている。

　「観点の趣旨」で観点の意味を説明することは当然である。しかし，「評価規準に盛り込むべき事項」と「評価規準の設定例」という2つの構成は，大変興味深い。「参考資料」という名前の示すとおり，あくまで実際に用いる評価基準は，これを参考にして，教育委員会や学校等が適切に定めるべきものとされているのであろう。その際，評価基準に最低限盛り込んでほしい事項を「評価規準に盛り込むべき事項」として示していると考えられる。そして，「評価規準の設定例」は，その名が示すとおりあくまで事例である。

　つまり，「参考資料」で示された内容を修正したり付け加えたりする必要があるということである。さらに，「参考資料」にはB基準しか示されていないので，実際の評価のためには，A基準「十分満足」やC基準「努力を要する」を考えておく必要がある。また，学年が上がるにつれてどう達成レベルが変わっていくかを示さなければ，整合性のある評価はできない。

　このように，「参考資料」をもとにまだ教育委員会や学校等でやるべきことが残っているのである。ここでは，この点を中学校の外国語（英語）を例にして考えてみたい。

2 「参考資料」における評価基準の示し方とその問題点

　参考資料では,「外国語表現の能力」と「外国語理解の能力」の観点の趣旨を次のように説明している。

◆外国語表現の能力：外国語で話したり書いたりして,自分の考えなどを表現している。
◆外国語理解の能力：外国語を聞いたり読んだりして,話し手や書き手の意向などを理解している。

　これをもとに,内容のまとまりを「聞くこと」「話すこと」「読むこと」「書くこと」の4つに分けている。このうち「読むこと」に関しては,「評価規準に盛り込むべき事項」を次のように示している。

【外国語表現の能力】
・英語を正しく音読することができる。
・英語で書かれた内容が表現されるように適切に音読することができる。

【外国語理解の能力】
・英語で書かれた内容を正しく読み取ることができる。
・目的に応じて英語を適切に読んで理解することができる。

　この2つの観点についての「評価規準に盛り込むべき事項」は,明らかに目標を示しているだけである。そこにいたる発達段階やレベルについては何も述べていない。例えば,「正しく読み取る」ことは目標として当然である。しかし,正しく読み取ることにも,非常に正しく読み取ることから,ごく初歩的な読み取り方まで幅がある。学年が上がればその幅はいっそう広がる。また,文章の複雑さやテーマによっても,読み取りのでき具合（"正しい"度合い）は異なってくる。

　実際の評価においては,それらを明らかにしていかなければならない。そうしなければ,中学校1年,2年,3年の違いを区別できない。指導要録で求められている各学年の各観点のA,B,Cの区分もできない。

さらに「評価規準の設定例」を見ても，必ずしもこの点の課題の解決にはならないであろう。設定例では，例えば，【外国語表現の能力】では，「正しく音読」であったものが「正しい強勢，イントネーション，区切りなどを用いて音読する」となっている。これは正しい音読を構成する要素を例示しただけであり，音読のレベルを区分したものではない。

　【外国語理解の能力】に関しても同様である。「正しく読み取ることができる」が「語句や表現，文法などの知識を活用して内容を正しく読み取る」となっている。これもまた，正しく読み取る際に必要な能力や技能，知識を例示しているだけである。レベルや発達段階を示したものではない。

　これらの例が示しているように，「評価規準に盛り込むべき事項」と「評価規準の設定例」の違いは，ほとんどないといってよい。結局，中学校１年から３年生までの期間に，生徒がどのような能力の発達をするのか，また発達してほしいのか，参考資料からは分からない。したがって，各学校でかなりの部分を補充しなければ評価はできないし，指導の段階の見通しもつかないのである。教育委員会や学校は大変困ると推定される。

3　参考資料をどう補うか

　そこで実際に参考資料をどう補えばよいかを示してみたい。外国語教育における発達段階は諸外国で研究されており，その事例を使って説明したい。例として用いるのは，オーストラリアで1993年に国全体の評価基準の参考事例として作成されたものである[1]。各州ではこれをさらに一部手直しして用いている。作成者は，オーストラリア教育評議会（Australian Educational Council）である。

　この評価基準は，オーストラリアにとっての外国語であるので，当然英語以外の言語の発達段階をもとにした評価基準である。実際の名称はLanguage other than English（英語以外の言語，略してLOTE）であり，文字どおり英語以外のすべての言語教育に共通する基準となっている。つまりフランス語，イタリア語，ドイツ語，その他の言語すべてで共通である。日本語の学習にも使われる。私の勤務校（静岡県立袋井高校）に2010年４月，オーストラリアの

中等学校生が20人ほどやってきたが，全員日本語を選択している生徒であった。オーストラリアの評価システムは，スタンダード準拠評価であるので，これから紹介する評価基準にはすべて，言語を用いた評価事例集が付属している。日本語の事例もある。

(1)「読むこと」の評価基準をどう補うか

　「読むこと」に関するわが国の評価基準（外国語理解の能力）は，参考資料では次のようになっている（「評価規準に盛り込むべき事項」）。
・英語で書かれた内容を正しく読み取ることができる。
・目的に応じて英語を適切に読んで理解することができる。

　これに対してオーストラリアの評価基準（レベル区分）は次のようになっている。

・レベル1：短い文を読み，文字や記号を認識し，単語を読む。
・レベル2：よく知っている言葉を用いた1つか2つの短いか，繰り返しのある文章を読み，そこに書かれている情報（キーワードなど）を1つ見つける。
・レベル3：よく知っている言葉を用いて，いくつかの文がつながった文章を読み，書かれていることの要点を理解し，その根拠となる部分を見つけている。
・レベル4：よく知っている言葉といくつかの知らない言葉から構成される，1つか2つのパラグラフから構成される文章を読み，理解することができる。
・レベル5：よく知っている言葉と知らない言葉から構成されたまとまった文章を読み，文章から得られた情報をいくつかの方法（要約したり，図で示したり，話したり）で表現できる。
・レベル6：広い範囲の語彙や多様な文章構造をもったまとまった文章を読み，そこに示された情報を解釈し，いろいろな方法（内容を紹介する話をする，要約する，別の形式の文章に置き換える）で用いることができる。
・レベル7：複雑な用語を用いた，いろいろな種類のまとまった文章を読み，一定の限られた範囲ならば文章の種類（公式の手紙形式，説明的文章，物語

形式）に応じた適切な表現方法を用いて回答できる。
・レベル8：より複雑な用語を用い，いろいろな種類のまとまった文章を読み，さまざまな文章の種類に適切に対応した表現方法で回答できる。

　レベル1は単語と非常に短い文章が読める程度である。レベルが上がるにつれて，文章が長くなり，知らない言葉も出てくる文章を読むことができる。さらにレベルが上がると理解する文章の種類も増え，文章の構造も複雑化してくる。また，キーワード程度の理解から，要点の理解，さらに回答の仕方が文章に応じた適切なものに変化していく。

　わが国の参考資料がB基準中心の3段階（実質的には2段階であるとこれまで述べてきたとおりである）であることと比べれば，違いは歴然としている。日本の参考資料に比べればかなり具体的だが，これだけでは実際の評価活動には不十分であり，生徒の作品を用いた評価事例が必要となる。

(2)「書くこと」の評価基準をどう補充するか

　次に「書くこと」に関しては，参考資料では，観点「外国語表現の能力」について「評価規準に盛り込むべき事項」として次のように示されている。
・自分の考えや気持ちなどを英語で正しく書くことができる。
・目的に応じて英語で適切に書くことができる。

　これに対して，オーストラリアの評価基準では次のようなレベル基準が示されている。

・レベル1：文字，記号や，繰り返し学習した単語などを書くことができる。
・レベル2：簡単な情報を伝えるために，フレーズや，繰り返し学習した短い文を書くことができる。
・レベル3：簡単な情報を伝えるために，繰り返し学習した文を2つか3つ，つなげて書くことができる。
・レベル4：情報や考えを伝えるために，いくつかの異なった文章パターンや構造を用いながら，いくつかの文をつないで書くことができる。

- レベル5：情報や考えをつなぎ合わせながら，学習した文章パターンや構造を用いて，1つまたはそれ以上のパラグラフを書くことができる。
- レベル6：文章のコンテクスト，目的，読み手のことを考慮して，まとまった文章や2つまたはそれ以上のパラグラフを，学習した文章パターンや構造を工夫し用い，書くことができる。

（以下，省略）

　この「書くこと」には，日本語の場合の評価事例がついている。単に言葉で評価基準を示すだけでなく，該当するレベルを実際の生徒の作品や学習事例を用いて説明することが，評価基準の理解に非常に役立つのである。ここでは「書くこと」の各レベルに対応する評価事例を一部紹介する。なお，事例のため，単語や使い方の誤りが含まれている。

【レベルに応じた評価事例集】

◆レベル1

　Hitri…1　futari…2　Sannin…3　yonin…4　gonin…5
　（事例では手書き，人間の絵が描かれている）

◆レベル3

　さんようびに　はんをよみました。
　それから，terebiをみました。
　Supagettiを食べました　と　kooraをのみました。
　どようびに　netabooruをしました。
　それから，かいものをしました。
　それから，massをしました　とresutoranをしました。
　にちようび　に　しゅくだいをしました　と，おんがくを　ききました。
　それから，geemuを　しました。
　それから，terebiを　みました。

◆レベル4

　じこしょうかい
　はじめまして　私は　ベルゲ　ピオナ　です。15　さい　です。　私の　か

第1章 「思考・判断・表現」とスタンダード準拠評価

ぞく は 4人 です。父 と 母と いもうと と 私です。そふ と そば は ぜんぜん いません。3年まえ に なくなりました。フーシクライ に すんで フーシクライ こうこう の4年生 です。英語 や 日本語 を べんきょうして います。日本 へいきたいから 日本語 を べんきょうしています。(以下，省略)

◆レベル5
登喜子へ
　元気ですか。私 は とても 元気ですよ。お手紙 ありがとうございました。あなた が きいたスポーツに ついての 質問 をこたえること が よろこんで 私は スポーツ が 好き からです。 オーストラリアでは スポーツ は とても にんきが あり いろいろなスポーツ が あります。小学生 の 方では スポーツ を しない人がほとんど いません。学校 では しゅうに 2，3かいぐらいして ほかごう に ふつう の 子供 がスポーツクラブ に 行って します。
　高校生 も スポーツ を するけれども 時間 があまりない から 小学生より スポーツ を しない人の ほうが おおいです。
　おとなのほう で スポーツ を するより見るほう が にんき が あります。しかし，スポーツ を 見る子供 も おおいです。(以下省略)

　レベル5の文章はさらにオーストラリアのスポーツの現状が，いくつかのパラグラフを用いて紹介されている。
　このような学習者の評価事例を示されれば，レベルの違いが，言語表現での評価基準の説明とあいまって，かなり明確になるであろう。レベル1は単語程度，レベル3は定型的な文章の繰り返し，レベル4は短い文をつなげていく，レベル5はいくつかのパラグラフを用いて，文章を工夫してつなぎながら書いている。反面，単語の間違いや，多少の言い回しの間違いは，許容されていることも分かる。
　このようなオーストラリアのレベル区分による評価基準および評価事例集と，わが国の参考資料とを比べれば，その違いは明らかであろう。

■引用文献

(1) AED (1993) *Language other than English-a curriculum profile for Australian schools.* Carlton, Curriculum Corporation.

第1章 「思考・判断・表現」とスタンダード準拠評価

12 「基準」か「規準」か：評価用語の混乱を超えて

1　基準か規準か

　基準と規準の使い分けは，評価に関する議論をする場合につきまとう問題である。本書では，他の本や資料を直接引用する場合を除き，「基準」を基本的に用いている。この問題は，わが国の教育評価にまつわる問題を象徴している。評価用語が不十分であったり，間違った解釈をされていたり，意味がずれたりしている問題である。

　基準と規準の問題に戻れば，実務的に考えてみると，現状ではどちらでもよいとすべきであり，いっそのこと「キジュン」とカタカナにしたらと考えることさえある。私が委員を務めた「児童生徒の学習評価の在り方に関するワーキンググループ」の会議（2009年6月〜2010年3月）の冒頭でも，基準と規準の使い方について，明確化してから議論しようという提案があった。しかし，限られた時間の中でこの区分を論じはじめたら収拾がつかないと私は提案した（これはパンドラの箱を開けるようなものであるから，棚上げにすべきであると）。結局，区分を棚上げにして議論をした。各委員はそれぞれ自分の考え方に従って使い分けることとなり，どうしても困ったときには，クライテリオン（criterion）とかスタンダード（standard）と言ったり，もとじゅん（基準），のりじゅん（規準）といって区別したりした。

　これについて文部科学省は，平成5年9月の「小学校教育課程一般指導資料」[(1)]を引用して説明してきた。平成23年の「評価規準の作成，評価方法等の工夫改善のための参考資料（小学校）」にもこれが引用されている。すなわち「評価規準」という用語については，「……新しい学力観に立って子供たちが自ら獲得し身に付けた資質や能力の質的な面，すなわち，学習指導要領の目標に基づく幅のある資質や能力の育成の実現状況の評価を目指すという意味から用

いたもの」とされており，この部分の前では，「知識・理解」の評価に偏った評価や，これに対応した数量的な評価への反省が述べられている。そして「資質や能力の質的な面」を評価するために「評価規準」を設定するとしているのである。

このような文章は，その時代の一定の理論的枠組みの中で解釈される（または，そのような理論的枠組みを前提として述べられることが普通である）。この文章の書かれた当時は，到達度評価（ドメイン準拠評価）の文脈で解釈されることとなった。

この解釈では，学習指導要領の示す目標は，評価においてはさらに細かな目標に分割され，これらの目標を達成したかどうかを判定する「キジュン」（以下，漢字で表現すると基準と規準の問題が生じるので，カタカナで示す）を設定しなければならないとして，この「キジュン」を「規準」という漢字で示すこととなった。一般に，評価の対象を細かに，または詳細に決めるほど，「キジュン」の性質は「できた・できない」などの二分法や三分法になってくる。わが国の観点別評価が三分法なのはこのためであろう。

他方で，同じ理論に立脚するが別の解釈として，細かな目標自体は「規準」と呼ぶべきであり，その目標の達成程度は量的判断でできるとして，こちらの量的な「キジュン」は，スタンダードを意味する「基準」とする考え方も登場した。

このほかの考え方もあり，もはや収拾できる状態ではない。しかし，ここでキジュンとカタカナで書かざるをえない状況であることは困ったことである。

2　スタンダード準拠評価におけるキジュン

さきに一部引用した平成5年9月の評価規準の意味は，多くの場合，到達度評価を前提として解釈されたために，スタンダード準拠評価で用いるキジュンをどう表現すべきか困難をきたしている。

つまり，小さな目標をたくさん設定して，その目標に到達したかどうかを判断するキジュンを「規準」と表現したとすると，スタンダード準拠評価は，小さな目標を数多く作るわけではないし，一定の目標に到達したかどうかを判断

するのでもなく，レベルの違いを何段階かで判断するものであるため，スタンダード準拠評価のキジュンは，規準とは異なる。また，量的な判断基準でもないため，「基準」という漢字も使いにくい。問題を感じたまま，とりあえず私は基準を用いているが，これに特別の意味（規準との違い）をもたせているわけではない。もっと根本的には，スタンダードというカタカナを用いているのも，下手に漢字にすると規準と基準の違いを考慮した解釈をされてしまうからである。実は，基準と規準の論争が，用語の上からスタンダード準拠評価の理解を妨げていると思われる。

3　ルーブリックの登場によるさらなる混乱

　規準と基準の区別の問題をさらに混乱させそうなのは，ルーブリック（rubric）という新しいキジュンが登場したためである。この新しいキジュンは，パフォーマンス評価の登場と関連している。

　パフォーマンス評価の特徴について評価専門家の意見が一致しているわけではないが，求める能力や技能を実際に用いる中で評価しようとする点が特徴であることについては，ほぼ一致している。しかし，パフォーマンス評価の評価キジュンがそのままルーブリックと言われるわけでもない。ルーブリックというキジュンの使われ方自体，パフォーマンス評価と同様，確定しているわけでもない。多くの場合，ルーブリックは通常のテストの採点基準では評価しにくいような課題を評価するためのキジュンとして使われている。つまり1つの解答ではなく，いろいろな解答が考えられ，正しいか誤りかではなく，非常に優れた解答から，幼稚な解答までの多様な違いが生じるような課題を評価する場合に用いる採点基準（テストの場合）や評価キジュン（テスト以外の課題の場合）を示す用語である。このような採点や評価を必要とする場合がパフォーマンス評価には多いという点で，ルーブリックという用語がパフォーマンス評価と関連して登場したといえるであろう。

4　ルーブリックとスタンダードの違い

　ルーブリックの特徴は，スタンダード準拠評価のキジュン（standard）の

特徴と重なり合っている。しかし両者は同じものではない。ルーブリックは，基本的に特定の課題やテスト問題を採点したり評価したりするキジュンのことを意味する。これに対し，スタンダード準拠評価のキジュンは，主として，特定の課題の評価キジュンというよりも，生徒の学習状況を全体として見渡して評価する場合に用いる評価キジュンや評価のシステムを指す。つまり，指導要録やそれに関連する評価の仕組みを表現する場合は，キジュンの意味にルーブリックを用いるのは適当ではないということである。もちろん個別の課題の評価に用いるルーブリックが，全体的な評価システムで用いられるキジュン（スタンダード準拠評価のキジュン）と無関係であってよいわけではない。

　ルーブリックとスタンダードのもう1つの違いは，スタンダード準拠評価を理論化したサドラーによれば，ルーブリックは非常に拘束力の強い（conjunctive）な評価基準であることである[2]。ここでいう「拘束力の強い」という意味は，生徒の学習を評価する場合，あらかじめ定められた評価基準以外のものを使って評価してはならないということである。これに対して，スタンダード準拠評価におけるスタンダードという評価基準は，生徒の学習を評価する場合，必要があれば（あらかじめ定めておいた評価基準では不足する場合には），同じレベルの質を判断すると推定される別の評価基準を用いることも許容する。特定の課題を評価するための評価基準であるルーブリックならば，課題の内容で生徒の作品や学習成果の範囲はかなり限定されるので，あらかじめ定められた評価基準の内容で対応できるであろう（もちろん例外もあり得る）。しかし，国全体の評価基準となれば，各学校や教師はいろいろな工夫をして課題や問題を設定して評価しようとするため，評価基準はあまり拘束的でないことが望ましい。スタンダードは該当レベルの代表的な特徴を示すだけであり，同じレベルの特徴と判断できれば，レベルの評価基準としてあらかじめ定められたもの以外の評価基準を用いることも許容する。

　このような特徴を考えれば，国全体の評価システムを構成する評価基準を示す用語としては，ルーブリックよりもスタンダードが適合すると考える。

5　問題の根本：クライテリオンの解釈をめぐって

　「基準」と「規準」の問題にしても，ルーブリックの問題にしても，問題の根本には「目標準拠評価とは何か」という問題が潜んでいる。つまり，評価キジュンの問題を議論するためには，このキジュンを含めた評価システム全体についての理解が必要である。個別の問題を論じるだけでなく全体のシステムがどのような考え方で動いているかという根本的な理解が必要である。

　本章の第2節で記したように，そもそもわが国で目標準拠評価という用語で表現される評価システムは，1963年にグレイサーが提案したクライテリオン準拠評価（criterion referenced assessment）に由来する。この評価方法は，ノルム準拠評価（norm referenced assessment）に対して，一定の質に関するスタンダードに照らして学習の達成状況を評価するものとして提案された。学習の質に関する一定のスタンダードを，グレイサーはクライテリオン（criterion）と表現した[3]。しかし，グレイサーはクライテリオンの意味を必ずしも明確に説明していなかったので，クライテリオンの解釈が課題となったのである。

(1)　ドメイン準拠評価という解釈

　1つの解釈は，ある学習範囲（ドメインと呼ばれたが，主として学習すべき事項，特に知識）を評価するために出題された問題に一定の数以上正解した場合に，その学習範囲に関して習得したと判断し，それをクライテリオン準拠であるとするものである。この場合，グレイサーの言うスタンダードは，正解した問題数となり，量的な性質をもつものと解釈される。このような解釈は，ドメイン準拠評価（domain referenced assessment）と呼ばれるが，わが国では「到達度評価」として紹介された。

　学習範囲を明確かつ詳細に規定しようとすれば，細分化された学習範囲を規定することとなる。わが国では，「規準」という用語は，前に述べたように，この細分化された学習範囲でのキジュンという意味を（当初の意図はどうであれ）もっている。一方で「基準」という用語は，量的なスタンダードという意

味をもっている。これはサドラーの言うシャープなスタンダードである。「規準」であれ「基準」であれ，強調点は異なるが，あくまでドメイン準拠評価（到達度評価）の枠組みのもとでの議論である。

(2) 学習範囲とスタンダードのファジー化

　細分化され，明確な学習範囲を対象とした評価に対する修正が始まったのは，思考力や判断力，問題解決力が重要であるとの認識が広がったためである。教科によってその具体的な表現は異なるが，思考力や判断力は明確に学習範囲を規定できないおおまかな学習範囲である。このおおまかな学習範囲に対応して，評価キジュンを量的なシャープな評価キジュンではなく，言語表現と事例集を用いて示そうという考え方，つまりスタンダード準拠評価が登場したのである。

　わが国の「規準」と「基準」の区分の議論も，このような理論上の変化を受けて，「規準」が必ずしも細かな学習範囲に関するキジュンを意味しない場合でも用いられつつあり，「基準」のほうも量的なスタンダードに限定しないで用いられつつある。このように「規準」と「基準」の意味自体が変わりつつあるために，両者の区別に関する議論はますます錯綜している。評価用語の問題の根本は，クライテリオン準拠評価の解釈が，ドメイン準拠評価だけでは不十分になってきており，暗黙にせよ修正が始まったと見るべきである。これを到達度評価として解釈された時代の「規準」と「基準」の区別に戻そうとすれば，評価理論の進歩に逆行することになり，パンドラの箱を開ける以上の弊害となる。少なくともこれ以上「基準」と「規準」の区別の論争をしても益はない。それよりも，目標がそのまま評価キジュンとなると考えるのではなく，実際に生徒がどのような学習の進歩をするかを実際の事例で確認することに力を注ぎ，目標を達成するにいたる段階を評価キジュンとして示すことである。

■注

(1) 「小学校教育課程一般指導資料」は，クライテリオン準拠評価を最初に提唱したグレイサーの概念を念頭において書かれたふしがある。文章がよく似ているの

である。そのまま読むと，もし当時，後述するスタンダード準拠評価がわが国で知られていたら，この意味に解釈することも十分可能であった。スタンダード準拠評価は1987年にサドラーによってすでに理論化されていたが，残念ながら，わが国で紹介されたのはずっとあとであった。これが，到達度評価の枠組みで解釈されざるをえなかった理由であろう。

(2) Sadler, R. (2013) Assuring academic achievement standards: from moderation to calibration. *Assessment in Education*, 20(1), p.9.

(3) criterionのもともとの意味は，あるものを他のものから区分する特徴や属性を指す。一方でstandardは，どの程度優れているか，達成しているかを判断するレベルを意味する。また一定の目的を達成するために適切だと思われるレベルを判断する指標を意味する。しかし，グレイサーがクライテリオン準拠評価を提案したころから，criterionが一定の学習事項の習得を判断する点数の意味でも用いられるようになった。これは本来ならばstandardが示していた意味である。criterionを「規準」，standardを（量的な）「基準」とする考え方は，両者の区別を厳密に行おうとしたものであると考えられる。

第2章

「活用」の学習をどう評価するか

1　指導要録の問題点と改善案：「各教科の学習の記録」について
2　「活用」の評価試案⑴：小学校理科
3　「活用」の評価試案⑵：小学校国語
4　「活用」の評価試案⑶：小学校算数
5　その他の諸課題について

第2章 「活用」の学習をどう評価するか

1 指導要録の問題点と改善案：「各教科の学習の記録」について

　第2章では，第1章で述べた教育目標の変化（特に活用の登場），学習理論や評価理論（スタンダード準拠評価の登場）をもとに，これからのわが国の評価はどうあるべきか，特に指導要録を中心として国全体の評価システムはどうあるべきか，具体的な改革案を考えてみたい。

1　改革案の前提と考えるべき事項

(1)　新教育課程の基本的な方向
　評価の改革案を考えるうえで考慮すべきことをまず確認しておきたい。
　第1章でも述べたとおり，現行の学習指導要領では，「生きる力」の基本精神は維持しつつ，学力観の国際的な通用性が強調されていることが特徴である。とくにPISA調査の影響は大きい。すなわち，学習した知識や技能を実生活で活用できることの重要性が，学習指導要領全体の改訂趣旨を説明した部分，さらに各教科の改訂趣旨の説明部分でも繰り返し強調されている。さらに，実生活という限定をつけないで，学習した知識や技能の活用を強調している部分も多数にのぼる。指導要録の内容を考えるうえで，このような能力の評価に適した方法は何かを考えなければならない。
　また，理科等を中心に実験・観察活動，調査結果のレポートなどが強調されていることも，評価の方法を構想するうえで注意しなければならないことである。

(2)　評価理論の発展
　学習の評価に関する理論や技術は，1980年代後半に著しく進歩した。すでに述べたように，わが国の指導要録はそれ以前の理論や技術を前提として構想されたものである。平成13年の指導要録が決められた時期に，ポートフォリオ評

価などが紹介され始めてはいたが，それが具体的な評価の方法に取り入れられるまでにはいたらなかった。

さらに，PISA調査で用いられている習熟度レベルの考え方も重要である。PISAでは，たしかに生徒の学力がテストを用いて点数化されてはいるが，最終的には，これらの点数がどのような能力レベルを示しているかの解釈を示している。各能力レベルの特徴が説明され，そのような特徴を反映する問題例がこの説明を補完している。イギリスやオーストラリアでは，学力のレベルを示す方法として，スタンダード準拠評価が用いられている。PISAでの「レベルの特徴とその問題例を示す方法」は，結果的にはスタンダード準拠評価と同じ手法を用いて能力のレベルを説明していることになる。

以上のような理論や技術の進展を早急に指導要録に取り入れなければ，わが国の学習評価のシステムは，世界的な水準からどんどん遅れをとることになる。

(3) 認知能力の細かな分類と情意面の評価に対する批判

認知的能力や情意面をどのように評価するかに関しては，さまざまな議論が行われてきた。

まず認知能力については，認知能力の構造や構成要素をどう考えるかが問題である。もちろんこれは，観点別評価の観点をどう設定するかに直結する問題である。認知能力の構造に関してはさまざまなとらえ方があり，どれが正しいという結論はない。

しかし，これを評価から考える場合には，結論は現在では明らかである。すなわち，細かな区別や分類をしても，実際の評価では生徒の能力を認知能力の構成要素ごとに独立して評価することはきわめて困難であるということである。たしかに具体的な課題（実験レポートや調査レポート）に対応して作成された評価の観点に関しては，いくつかの観点に分類した採点は可能である。しかし，一般的に認知能力を分類して，個別に評価すること（例えば，ブルームのような方法[1]）は困難であるとの結論である。

せいぜい，知識と高次の技能（ブルームの応用，分析，総合，評価などをまとめたもの）の2つの観点に分類して評価できる程度である。学力や認知的能

第2章　「活用」の学習をどう評価するか

力の構造を示すことと，これを評価することは別の次元の問題である。現行の評価の観点に関して，評価を実際に行う視点からみて区別が困難な観点は改定すべきである。

　この点で注目されるのは，全国学力・学習状況調査である。このテストは「知識」を中心とするA問題と，「活用」を対象としたB問題に区分されている。テスト実施上細かな区分は不可能という実務上の配慮からこうなったのであろうが，実際の学校での評価もまた実務である。理論的な認知能力の細かな区分は必要としても，実務の上では細かな区分をすると実施困難となる。

　情意面の観点（関心・意欲・態度）に関しては，長らく議論が続いてきた。しかし，教育評価の理論や技術面での進歩にもかかわらず，これを十分な信頼性，妥当性を確保して評価できるという議論は，諸外国には見あたらないのが実情である。また，これを評価している場合でも，認知面での評価とは切り離し，独自の方法で，かつその利用方法に関して厳しい制限をつけて実施しているオーストラリアの事例がある程度である。もちろん，研究のためにこの面での評価を行う事例は存在する。

(4)　高次の技能の発達段階

　第1章でも述べたとおり，わが国のカリキュラムは，検定教科書を含めて考えれば，学習内容中心のカリキュラムである。つまり，どのような学習内容（知識，概念，法則など）を，どの年齢段階（学年）で学習させるかを細かく規定している。そのため，この面では生徒の発達段階に応じたカリキュラムとなっている[2]。

　学習内容に関しては経験上であれ，発達段階に応じて配列されているのであるから，評価は学年ごとに配分された学習内容を習得しているか確認することで足りる。これに反して，思考力や判断力，問題解決能力などの高次の技能に関しては，学習指導要領には大きな目標が述べられているだけであり，国立教育政策研究所の参考資料でも十分に発達段階が示されているとは言い難い。

　平成23年版の参考資料の中でも，B基準は示されているが，AやCの基準は評価事例の一部で示されただけである。ある学年のA，B，Cと次の学年のA，B，

Cの関係（例えば，4年生のAは5年生のA，B，Cのどれに相当するのか）は不明のままである。要するに，思考力や判断力の観点に関しては，体系性が乏しく，発達段階が示されているとは言い難い。

　思考力や判断力の発達段階を示すことを，私はここで「高次の技能の系統化」と呼ぶこととする。イギリスやオーストラリア，またカナダの一部の州（オンタリオ州，ブリティッシュ・コロンビア州），香港，アメリカのNAEP，そしてPISAの習熟度レベルは，すべてこの高次の技能の系統化を行っている例である（正確にいえば，PISAの習熟度レベルを除き，高次の技能と学習内容を組み合わせた系統化を図っているというべきであろう）。

　わが国でも，高次の技能に相当する「思考・判断・表現」と一部教科でこれに相当する「技能」の観点には，発達段階に基づいた評価基準を設定することが急務となっている。

2　観点の設定：「知識・技能」と「活用」の2観点で

　すでに述べたように，学習の評価に関しては，実際の評価では知識と高次の技能を区分して評価できる程度であるという見解が今日では支配的である。したがって，「知識・技能」と，「活用」または「高次の技能」の2本立てで各教科の観点を設定することを基本とし，それ以上の観点を設定する場合は，他の観点との区分が明確であり，かつその観点の能力を育成することがきわめて重要な場合に限るべきである。

　国語と外国語に関しては，「知識・技能」に加えて「話す・聞く」「書く」「読む」の3観点を加える。この3観点は明確に区分できるし，これらの能力を個別に育成することが重要だと思われるからである。

　ちなみに「関心・意欲・態度」を除いた観点例の私案を示せば，次のようである。

◆国語：「知識・技能」と「話す・聞く」「書く」「読む」
◆算数，数学：「知識・技能」と「数学的な探究」
◆社会：「知識・技能」と「社会的な探究活動」

第2章 「活用」の学習をどう評価するか

◆理科：「知識・技能」と「科学的な探究」
◆生活：「探究活動」
◆外国語：国語と同様にする
◆音楽：「知識・鑑賞」と「音楽表現」
◆図画工作，美術：「知識・鑑賞」と「美的表現」
◆保健・体育：「知識」と「運動技術」
◆家庭，技術・家庭：「知識」と「実践的活動」

　これまでの観点で登場していた「理解」に関しては，いわゆる「深い理解」の場合には，一般的に「高次の技能」に含める。そうでない場合には，「簡単な理解」として知識に近いものとして扱う。そこで，簡単な理解を「知識・技能」に含まれるものとして扱い，深い理解は「高次の技能」に含まれるものとして扱うことで，観点名には含めないこととしたらどうだろうか。

　なお，音楽から家庭科までのいわゆる技能教科に関しては，科目自体が技能を中心に据える教科であるため，他の教科が「知識・技能」としているのに対して，「知識」だけで観点を立てた。

3　評価方法：「知識・技能」はドメイン準拠評価，「活用」はスタンダード準拠評価で

　第1章で述べたとおり，近年の評価理論の進歩の中で明確になってきたことは，クライテリオン準拠評価（criterion referenced assessment，目標準拠評価）にも，2つの種類があるという区別である。1つはドメイン準拠評価（domain referenced assessment）であり，もう一方はスタンダード準拠評価（standard referenced assessment）である。

　わが国での観点別評価が多大の困難をかかえてきたのは，この2つの評価方法の区別がつかなかったからである。この区別がつくようになったのは，1980年代後半からであり，現行の評価方法はこの区別の理論面，実践面での進歩を取り入れる時間的な余裕がなかったともいえる。

　しかし，両者の違いは明らかであり，今後はこの区別を取り入れて評価システムを構築すべきである。「知識・技能」の部分はドメイン準拠評価が適合し，

「活用」あるいは「高次の技能」に相当するその他の観点は，スタンダード準拠評価が適合する（ただし，実技科目は，個別に議論が必要）。いいかえれば，（教科書等で）一定の学習内容の範囲（学習すべき個別的な事項）が明確な場合には，ドメイン準拠評価が適合し，質的なレベルが問題になる場合にはスタンダード準拠評価が適合する。これまでは，スタンダード準拠評価が適合する部分にまで，ドメイン準拠評価を適用しようとしていたのである。

(1) 「知識・技能」の評価

　「知識・技能」に関しては，先に述べたように一定レベルの理解を含むこととする。基本的な評価方法はドメイン準拠評価である。ただ，純粋なドメイン準拠評価は同質の問題をたくさん出題して，正解数の割合をもとに評価するが，現実の学校でそのような同質の問題だけを出題することは，単純な計算問題か漢字テストのようなものとなってしまう。純粋なドメイン準拠評価は，理論的にはありうるが，現実の学校ではテストの性格をきわめて限定されたもの（しかもしばしば教育的に望ましくないもの）としてしまう。そのため，現実の学校でのテストは，さきに指摘したように簡単な応用問題を組み合わせるのが通常である。

　この観点についてはペーパーテストを前提に，そのテストの点数をどの程度取れたかにより，5段階または3段階で評価する。小学校は3段階（A～C），中学校は5段階（A～E）で実施するのがよいであろう。

　ただし，ペーパーテスト問題の難易度や応用問題の組み合わせ方により，例えば平均点60点の意味はまったく異なる。単に平均点やパーセントを決めても，各学校の評価は異なってくる。各学校の評価の統一を図る必要がある場合（調査書に用いる場合）には，テストの問題例を示して，どの程度の難度の問題を出題すべきか例示する必要がある。具体的には，全国学力・学習状況調査を用いて，そのA問題で何点くらいが3段階ないし5段階の評価に相当するかを示すことが，最も簡便な方法である。

第2章 「活用」の学習をどう評価するか

(2) 「活用」ないし「高次の技能（思考・判断・表現）」の評価

　この観点は質的なレベルが問題なのであって，どのくらいの量の知識や技能を習得したかを評価するものではない。そのためスタンダード準拠評価を用いる。

　いまのところ質的なレベルの変化は，諸外国の例を参考にすれば，中学校終了段階で8段階程度が区別できる。諸外国では8段階を小学校から中学校まで連続して用いている。そのため，理論上は小学校でも高度なレベルの段階が可能であり，逆に中学生でも小学校レベルにとどまることもある。しかし，例えば同じ応用力のレベルであっても，小学校で学習する理科の概念の応用と，中学校で学習する概念の応用は同じではないという意見も多い。また，中学生で小学校レベルの段階であるとされれば，生徒の自尊心を著しく損なうおそれもある。

　そのため，8段階の区分を用いたとしても，小学校段階ではそのうちの下位部分，中学校では上位の部分を用いることにより，一応切り離すことが適当である。諸外国の事例を参考にすれば，小学校ではレベル1〜6，中学校ではレベル4〜8を用いる。小学校では6つのレベルのうち，2年生まではレベル1〜3，4年まではレベル2〜4，6年まではレベル2〜6を用いる（次表）。

学年	各学年レベル
小学校1・2年	1　②　3
小学校3・4年	2　③　4
小学校5・6年	2　3　④　5　6
中学校	4　5　⑥　7　8

　図中の○印は，各段階の最終学年（小学校2年，4年，6年，中学校3年）での目標レベルを示す。小学校2年の場合は，レベル2，小学校4年でレベル3，小学校6年ではレベル4，中学校3年ではレベル6が多くの生徒に到達させたい目標である。

　なお，小学3〜6年のレベル表示は，評価基準の内容としてはレベル2〜6の内容を用いるが，表示としては1〜3の3段階（小学校3・4年），小学校

5・6年では1～5の5段階に数字を変えて示す。中学校も同様に，評価基準の内容はレベル4～8であるが，表示としては1～5の5段階で表示する。

次に，各レベルと学習内容との関連である。これについては，評価事例集の違いで対応することができる。つまり，スタンダード準拠評価では，評価基準の文章表現と評価事例集（exemplars）[3]が必要である。わが国では学習内容が学年進行で変わっていくことを考え，各レベルの評価は小学校2年，4年，6年，中学校3年を基本とし（ただし，他の学年でのレベル評価を排除するものではない），評価事例集は，4つの学年段階までの学習内容を基本として作成する。評価事例集に用いる学習内容は次のようにする。

【小学校】
・レベル1（小学校1年以上の内容）
・レベル2（小学校2年以上の内容）
・レベル3（小学校3年以上の内容）
・レベル4（小学校4年以上の内容）
・レベル5（小学校5年以上の内容）
・レベル6（小学校6年以上の内容）

この場合，2・4・6年以外でもレベル評価をするが，例えば小学校5年でレベル6の評価をしても，あくまで暫定的なものとする[4]。最終的にレベル6とするためには，6学年での学習内容を用いて，レベル6の事例がみられた場合に，確定するものとする。

次に中学校であるが，3年間一貫した連続性のある学習内容の場合，次のようにする。

【中学校】
・レベル4（中学校1年以上の内容）
・レベル5（中学校2年以上の内容）
・レベル6（中学校3年以上の内容）
・レベル7（中学校3年以上の内容）
・レベル8（中学校3年以上の内容）

前述したように，実際の中学校では，レベル4は（中学校段階の）レベル1，

第2章 「活用」の学習をどう評価するか

レベル8は同レベル5と表示される（5段階となる）。レベル4（中学校でのレベル1）に到達しないものは，レベル4（中学レベル1）未満と表示する。

学習内容に学年によって大きな違いのある場合には，学習内容は当該学年のみとして，学年ごとの制約は廃止する。

4　評定をどうするか

評定は，評価の結果を簡略化して示すものである。これまでの指導要録では4観点の評価を総合して教科の評定を求めることになっていた。しかしながら，その総合の仕方が統一されておらず，さまざまであった。とくに「関心・意欲・態度」などの情意的な側面も合算されていたため，同じ評定でもいったい何を意味するか不明であった。

もし，前記のように一部の教科（国語，外国語）を除いて2観点とし，それぞれドメイン準拠評価，スタンダード準拠評価とした場合には，評定そのものが必要なくなるであろう。例えばある教科で「知識・技能」がA，「活用」がレベル4であれば，4Aと表示すればこと足りるのではなかろうか。

国語や外国語のように「活用」や「高次の技能」にあたる観点が2つ以上ある場合や，どうしても従来どおりの評定を出さなければならない場合には，統合するための数値的処理をすればよい。ただし考えるべきは，評価はまとめればまとめるほど指導に必要な情報が失われ，逆に細かにして数が多くなりすぎると，読むだけで手間がかかり，わかりにくくなることである。両者の中間点はどこかを考えなければならない。

4Aのような方法をとった場合は当然であるが，従来どおりの評定を算出する場合でも，評定はあくまで認知的な側面だけを示すものとしたほうが適切であろう。情意的な側面のように信頼性，妥当性の高い評価が困難な観点は，教科ごとに，望ましい達成事項を文章表現して，該当の様子が見られた場合には，その文章表現の番号に○をつけるといった方法が考えられる。または，認知面での評価と切り離して評価すべきである。つまり，評定には入れないという方法も考えられる。

■注および参考文献

(1) Bloom, B.S., Engelhart, M.D., Furst, E.J., Hill, W.H., and Krathwohl, D.R. (1956) *Taxonomy of Educational Objectives. HandBook 1 : Cognitive Domain*. New York: David McKay.

(2) これらの発達段階について，経験上そのような配列をすればよいと考えて実施しているのが現実であろう。必ずしも，データに基づいた検証があるわけではない。学習指導要領の改訂が行われるたびに，いくつかの学習内容が上の学年や次の学校段階に移されたり，逆に下の学年や学校段階に移されたりしている。今回に限らず，教育課程の改訂に関する議論（マスコミを含め）の多くが，学習すべき知識は何か，それらを学習する学年はどこであるべきかに集中してしまう傾向が見られる。"学力低下論争"後では，学習すべき知識や技能を増やせば，学力向上をめざしているとして歓迎され，減らせば学力が低下するとの批判がまき起こる。さらに，学習すべき事項を上の学年に上げると，学力が低下するという批判がおこり，逆に下の学年におろすと歓迎されるというありさまである。なぜこれまでの改訂で学習内容を減らしたり，上の学年に上げたりしたのかは忘れ去られ，論じられない。結局，学習すべき事項を上の学年に上げたり下げたりすることが，教育課程の改訂の中心的な論点であるかのように報道される。これらの繰り返しは，学習内容の配分がデータに基づいて年齢段階に応じて行われていないことを示している。

(3) ここでいう評価事例集とは，生徒の作品（レポート，作文，製作物，生徒の活動や演技の様子をとったＶＴＲ，楽器の演奏の録音，写真）をレベル別に集めたものを言う。平成14年版の参考資料では，評価事例という言葉を，評価に用いる課題例を意味する言葉として用いていたため，わが国では本来の意味とはずれて理解されている場合がある。

(4) つまり，小学校5年で，レベル5の評価をした場合は，通常小学校5年の学習内容を用いることとなるので，5年の段階でレベル5は確定するとする。しかし，レベル6の評価をした場合は，5年生の学習内容を用いたにすぎないので，レベル6を確定させるには，6年生になって6年の学習内容で確認することが必要である。

2 「活用」の評価試案(1)：小学校理科

　本章の目的は，「活用」や「思考・判断」の評価基準の試案を示すことにある。「活用」や「思考・判断」に相当する部分の評価は，スタンダード準拠評価を用いたレベル区分で行うべきであるというのが基本的な考え方である。
　前節では，観点を含めた評価のフレームワーク全体はどうあるべきかを論じた。論点として，観点の変更と，8つのレベルの発達段階をもとにした評価基準の設定を考えた。本節以降では，いくつかの教科を取り上げて具体的な試案を示すが，観点はとりあえず現行のものとして，発達段階のレベルのうち，主として小学校で用いるレベル1から6までのレベルの区分例を示してみたい[1]。

1　小学校理科における「活用」の観点と評価基準

　まず本節では，小学校の理科の活用の観点として「観察・実験の技能」を取り上げ，それに関する発達段階を用いた評価基準の試案を示す。ただし，「技能」といっても，単に観察・実験を正確に行えばよいといったものではなく，見通しを立ててから行うことや，結果を分析し解釈し表現するところまで含む。
　なお，「はじめに」にも述べたように，この6つのレベルが実際に小学校段階のどの年齢や学年に適切なものかは，あくまで試行してみた結果のデータにより確定されるべきものである。観察・実験技能の評価基準は，次の4つの構成要素をレベルごとに合成して作成した。
　①実験計画の作成（以下，「計」と略す）
　②観察・実験の実施（同じく「実」）
　③データの処理，解釈（同じく「処」）
　④観察・実験活動の評価（同じく「評」）
　評価基準の作成にあたって参考としたのは，西オーストラリア州の評価基準（これについては第3章で詳しく紹介する）である。これをイギリスのナショ

ナル・カリキュラム評価基準，さらに科学の実験・観察技能の評価で著名なイギリスのWynne Harlen[2]の理論，オーストラリアのカリキュラム・プロファイル（Curriculum Profile）[3]を用いて一部修正した。

評価事例そのものは生徒の実際の作品が必要であるが，作品そのものはここでは示せないため，どのような作品や生徒の学習事例が示されたら該当のレベルに相当するかを示す参考例を示した。これを「ポインター」という。ポインター作成のため，わが国の理科の教科書を調べ，ポインターとして利用可能な実験例や課題例をここで示した。そのため，ポインターとして用いられる課題や実験例は，わが国で実際に用いられているものを，該当のレベルの評価に用いられるように，課題の一部の設定方法を改変して用いた。

以上をまとめると，これから提案するレベル区分は，①評価基準（４つの構成要素の合成），②ポインター（評価事例集の代わりとして），③評価基準の説明の３つで構成されている。

なお現在，わが国の小学校の理科は３年生から実施されている。そこで，ここで紹介する２年生までのレベル区分（レベル１〜レベル３）は，生活科の中で，理科的内容にかかわる部分で評価するものと読み替えていただきたい。ただし，実際には生活科の評価と合わせて考えるべき必要があることは言うまでもない。今回のレベル区分は，あくまで理科の評価基準を構想するという目的から考えたものであることに留意いただきたい。

2　レベル区分

(1)　レベル１

　①　評価基準

　(計)　教師に促されれば，観察したり調べてみたりすることについて，自分の意見や知っていること，思いついたことを述べる。

　(実)　教師の助けを借りて，簡単な観察や調べができる。そのために必要なものを集めたり，自分の五感を使って調べたりすることができる。

　(処)　観察したことや，発見したことを，言葉や絵を用いて友達に伝えることができる。

第2章 「活用」の学習をどう評価するか

　（評）楽しかったなどの感想を述べたり，うまくいったこと，難しかったこと
　　　　などについて述べたりする。
　②　ポインター
　教師が「草むらの中にはどんな生き物がいるかな」と質問すると，自分の経験を思いだして，バッタとかコオロギなどと言ったり，名前はわからないけれど青い小さな虫，と言ったりする。実際に草むらへ行き，観察した結果を，絵（虫の絵をかく）などで表現する。
　③　評価基準の説明
　このレベルでは，教師の働きかけを受けてできることが特徴である。

(2)　レベル2
　①　評価基準
　（計）教師の質問をもとにして，変化させたり置き換えたりすることは何か，
　　　　それによって生じるどのようなことを調べようとしているか認識している。多くの場合，変化させることは，連続する数値ではなく個別的なこと（色や場所の違い）である。生じると思われることについて推測する。
　（実）観察したことを分類したり，言葉で表現したり，自分なりの方法で測ったり記録したりする。
　（処）観察した対象や出来事どうしを比較できる。違いや同じ点に気がつく。
　（評）起こったことを述べ，最初に推測したことと違っていたかどうか述べる。
　②　ポインター（注：これはわが国の3年生の学習内容から例示した）
　電気を通すものと，通さないものを調べるため，教師から乾電池と豆電球と電線を与えられる。調べるものをいくつか教師から与えられると，自分でも調べてみる材料を考えて，どうなるか推測しながら実験してみる。実験してみた結果を，「はさみ　○」，「ラップ　×」などと記録する。
　③　評価基準の説明
　「教師の質問をもとにして」とは，ポインターの例でいえば，最初に教師が用意したいくつかの材料が電気を通すか否か，教師の指導の下で実験してみたり，さらに生徒が自分で調べる材料を考えて実験してみたりすることである。

ここでいう「推測」とは何らかの根拠をもたないで行うもの,「予測」という場合は,根拠をもった推測であるとして区別する。「自分なりの方法で測る」とは,「大きい,小さい」「長い,短い」など,感覚的な測定をすることである。

(3) レベル3
　① 評価基準
　(計) 科学的に正しい実験方法について注意を払った探究計画を作成できる。一定にすべきことを見つけている。自分の経験を根拠にして,結果を予測する。
　(実) 簡単な道具を用いて,一定の手続きを守って実験し,定められた尺度を用いて測定ができる。記録は,表,図などを用いる。
　(処) 数値データを示すために,表や棒グラフを用いて,分類したり,傾向を示したりする。結果をまとめ,原因と結果の関係に気がつくが,説明はしない。
　(評) 調査にあたって,難しかった点を指摘する。結果に影響したと思われることを指摘する。
　② ポインター
　日なたと日陰の地面の温度の違いを,温度計を地面に差し込んで測定できる。その際,地面に温度計を差し込む深さを一定にしたり,温度計に日光が当たらないようにしたりできる。結果を表で記録したり,棒グラフで示したりして,日なたと日陰の温度の違いを述べることができる。
　③ 評価基準の説明
　このレベルでは,一定にしておくべき条件(変数)があることに配慮して,実験や調査ができる。また,レベル2と異なり,結果の記録として表などに整理することができる。ものさしなどの測定器具を用いることも特徴である。

(4) レベル4
　① 評価基準
　(計) 教師が設定した活動の中で,変化させるべきもの(独立変数)と,測定

されるもの（従属変数）を特定し，少なくとも1つの条件（変数）を一定に保つ。適切なデータの集め方やその手続きについて述べることができる。
- （実）独立変数として連続したものを扱うことができる（例：時間，量，長さ）。正確に測定できるように気をつけ，同じような方法を用いて，何回か繰り返して測定する。
- （処）繰り返して得られたデータから平均を求めたり，一定期間をおいて集めたデータをまとめたりすることができる（例：1か月間，毎日降雨量を調べた）。連続的な変数を用いた場合には，折れ線グラフを用いる。データを要約し，簡単な科学的概念を用いてパターンを説明しようとする。
- （評）改善すべきことについて，一般的な指摘ができる（例：もっと正確に測定する，実験器具を工夫するなど）。

② ポインター

　金属板の上に等間隔でロウをぬり，金属板の端をバーナーで熱して，金属板の上のロウが溶ける様子を観察させる。次にこれを応用して，金属の熱の伝導の速さを比較する実験を考えさせる。銅の棒とアルミの棒，ロウ，時計，ガスバーナーを用いて調べるように指導する。棒に置かれたロウの溶ける時間を測定して，結果をグラフに表現し，ロウが溶けるまでの時間を比較して，どちらが熱を伝えやすいか結論を示す。

③ 評価基準の説明

　このレベルでは，独立変数として連続したものを扱うことができること，またデータを得るのに複数回同じ実験をして，平均値を求めて考えることが重要である。

(5) レベル5

① 評価基準
- （計）課題や問題を考察して，仮説や問いを作成する。いくつかの条件を一定に保つ実験，観察計画を注意深く作成する。
- （実）課題に適合する道具を選択し，実験や観察を正確に行うため，予備的な

試験を行い，適切な測定尺度を選択する。フィールドワークの場合には，条件を一定にするために，ランダム・サンプリングの手法を用いる。
(処) 最も適切なグラフを用い，データと一致する結論を導く。抽象的な科学概念を用いて，データに見られるパターンを説明したりする。
(評) 実験方法を改善するための具体的な方法を述べることができる（例：より正確な測定のためにはどうするか，一定にできなかった条件をみつけ，どうすればよいかを述べるなど）。

② ポインター

昔の振り子時計を示し，遅れるようになると，どう調整したか考えるために，実験を考えさせる。おもりの重さ，振り子の長さ，振り子の振れ幅，これらと周期の関係を調べる実験をさせる。1つの変数（例えば，おもりの重さ）と周期の関係を調べる場合には，他の条件（振り子の長さ，振れ幅）を一定にする必要があることを認識しているか確認する。

③ 評価基準の説明

このレベルでは，複数の条件を一定にすることができる。適切な測定単位を試行で見つけること（振り子の例では，測定しやすい周期をもつ振り子の長さ）や，おもりの重さを変えることによって，振り子の長さが変わらないように注意することなどがポイントとなる。もし，おもりを重くしたら，周期が変わった場合には，改善点を考えることができる（例：おもりを重くすることで，振り子の長さが変わってくることがある）。

(6) レベル6

① 評価基準

(計) 課題を分析して，科学的な知識を用いて主な変数（独立変数，従属変数，一定にすべき変数）を特定し，仮説を作る。仮説に基づいて予想を立てる。正確な測定をするための方法を工夫する。
(実) 正確な測定や観察をするための障害を特定し，適切な実験用具を考えて用意したり，選択して用いる。
(処) データを示すための最も適切なグラフと表示単位を選択する。仮説や予

想と関連させて，データから結論を導き，科学的な知識や概念を用いて説明する。
- （評）繰り返して得たデータから，一貫性を欠く数値を特定できる。一貫性を欠く数値がなぜ生じたのか原因を特定し，改善方法を述べることができる。

② ポインター

電磁石に用いられるコイルの巻き数と，電磁石の強さの関係を調べる。この場合，一定にすべき条件を特定するためには，電流の強さが一定でなければならないことを，科学的な知識を用いて見つけることができなければならない。さらに，電流が一定であることを確認するために電流計を必要とすることに気がつく。電流を一定にするにはどうすればよいかについても考えることができる。

③ 評価基準の説明

ポインターに示した実験では，電流が一定でなければならないことを科学的な知識を用いて発見すること（計），及び確認のため電流計を必要とすることに気がつくことがポイントである。この例では，一貫性のない数値を判断する技能を評価することは困難であろう。そのためには，別の実験（斜面をすべり落ちた物体が，摩擦によりどのくらいの距離で停止するか，物体の重量との関係を調べる実験，同じ重量でもばらつきのある数値が出る）が必要である。

■注および参考文献

(1) レベルが上がるほど評価基準は複雑となり，必要な文章も長くなる。特にレベル7や8に近づくと，文章表現やここで用いるポインターでは分かりにくくなり，実際の生徒の作品を集めた評価事例集が必要となる。

(2) Harlen, W. (2000) *Teaching, Learning & Assessing Science 5-12*. London: Paul Chapman Publishing.

(3) Australian Educational Councilによる "A Curriculum profile for Australian school" であり，教科ごとに作成されている。1993年から1994年にかけて教科ごとに作成された。

3 「活用」の評価試案(2)：小学校国語

1 国語の学習領域と評価方法

　本節では国語の「読むこと」の領域にかかわる評価基準を取り上げたい。国語では、「読む能力」だけでなく、「話す・聞く能力」と「書く能力」の評価も、スタンダード準拠評価で行うべきであると考える。なぜなら、PISA等の国際調査や学習指導要領を読むかぎり、これらの能力や技能は、個別的に学習すべき多くの項目を「できる・できない」で評価するものではなく、初歩的なレベルから高度なレベルまでのレベル区分が適切と考えられるからである。

　国語の中で、個別的に評価できるのは、「言語についての知識・理解・技能」の観点にかかわる学習事項である。この部分は、従来どおりのテスト形式を中心とした評価方法で、ドメイン準拠評価によって行えばよい。

　前節の理科と同様に、スタンダード準拠評価を用いたレベル区分による評価は、義務教育9年間で8レベルとし、小学校ではこのうちレベル1～6の6つのレベルを用い、2学年ごとに区分して目標とするレベルを設定する。前節でも述べたように、以下はあくまで試案である。

　国語の「読む能力」の評価基準については、理科で参考にした評価基準の例（オーストラリアやイギリス等）だけでなく、学習指導要領自体に発達段階に基づく指導事項が2学年ずつ示されているので、これを基本として用いつつ、他の事例を参考とした。現行の学習指導要領が、言語に関する能力の育成に力を注いでいることが、この点から読み取れる。

2 「読む能力」のレベル区分

　理科と同様、実際の生徒の作品はここでは示せないので、評価基準とポインターを示す。

第2章 「活用」の学習をどう評価するか

(1) レベル1
　① 評価基準
　読むときの基本的な動作をとり，文章が意味をもっていることに気がつき，文章の意味を理解する上で参考となるものを用いることができる。新しく知ったことを述べたり，自分の経験と文章中の経験や出来事と比較したりすることができる。
　② ポインター
　教師の後について文章を読んだり，教師に助けられながら繰り返し練習したりすると，自分で声に出して読むことができる。本を手に持ち，文章の初めから読みはじめ（どこが始まりで，どこが終わりかが分かる），本のページをめくる動作をする。
　文章を読んで，ここが私は好きとか，私のときはどうだったなどと，自分の好みや経験と比較する。文章の意味を理解するために，さし絵を用いたり（例えば，熊の絵が描かれているのをみて，文章が熊に関することであると分かる），文章の題名から内容を推定したりすることができる。
　③ 評価基準の説明
　このレベルでは，教師の手助けを受けて文章を読み，文章が何らかの意味を伝えようとしていることを理解し，読んだ文章についての好みや，自分の経験と比較してごく簡単な感想（例：私も悲しかった）を言ったりする程度の理解ができている。

(2) レベル2
　① 評価基準
　さし絵がつき，日常用いられる言葉を用いた，単純な構成の短い文章を自分自身で読み，その文章が事実に関することか，想像上のことかを区別して読んだり，だれを対象として書かれた文章かを理解したりする。文章に登場する人物などについて，大まかな特徴を述べたり，それについての自分の好みや意見を述べたりする。主要な出来事の大まかな順序を述べることができる。
　自分の読みたい本を，表紙や題名を見て選ぶ。

3 「活用」の評価試案(2)：小学校国語

語のまとまりや言葉の響きに気をつけて音読し，うまく読めない部分では読み直して正確に読めるようにする。またゆっくり読んだり，簡単な言葉に置き換えて読んだりして，意味を失わないように読む工夫ができる。

② ポインター

文章を読んで，登場人物の一般的な性格（例：悪い人，正直な人）や典型的な職業類型（例：警察官，消防士が登場していると答える）を指摘したり，さし絵から職業（例：エプロンをつけているからお母さん）などを指摘したりできる。

文章に書かれている結果とは異なった結末の可能性を指摘したり，登場人物の性格について意見（例えば，もう少しやさしくしてあげたらいいのに）を言ったりする。理解できない言葉にぶつかると，自分の経験や場面の特徴などから，その意味を推定する。

③ 評価基準の説明

このレベルでは，自分自身で独立して読みはじめること，簡単な文章の主な内容を理解する。理解の程度は，レベル1では部分的な理解であるのに対して，レベル2では全体としての文章の流れを把握していることが特徴である。そのため，主な事柄の順序を言うことができたり，主要な登場人物の特徴を述べたり，簡単に要約する（例：これはある少年とかわいがっている犬のお話といった程度で）ことができる。

(3) レベル3

① 評価基準

初めて接した単語や内容を少し含んだ文章に示された考え方，情報，出来事の関連のいくつかを指摘できるようになる。文章の解釈は，そこに示された意味だけでなく，背景となる経験や環境により異なることを理解する。文章の種類により，異なった言葉の使い方があることを理解し，表面的には書かれていないことでも，自分の経験等から推定しはじめる。

目的に応じて，さまざまな文章や本を選択して用いるようになる。

第2章 「活用」の学習をどう評価するか

② ポインター

　個人的な楽しみや興味に応じて，詩，短い物語，自伝，説明書，資料集などを選択して読むようになる。図書館等で自分の求める本の所在場所を見つけることができるようになる。

　文章の主要な考え方とそれを支える部分，中心となる出来事や人物と背景となる部分の関係をとらえるようになる。

　文章の記述には，一定の典型例や文化的な共通認識を用いた部分があることに気がつく（例えば，悪人は黒い服装をしているとか，楽しい出来事は明るい光や色に付随していること）。同じ文化の中でも，個人の経験でその解釈が異なることを，クラスの生徒の意見の違いで気がつく。

　比較的短いレシピやゲームの解説文章などの説明文の記述に従って，作業を実行できる。また，これらの文章は作業のまとまりに従ってグループ化されていることを理解し，部分的に必要な所を特定して用いることもできる。また，本の索引やCD-ROMなども用いて，必要な情報を見つけることができる。

　物語，詩，自伝，説明書などを区別でき，文章中の意見と事実を区別できる。

　文章の内容に応じて音読の仕方を変えることができる。

③ 評価基準の説明

　このレベルでは，文章に書かれている内容の関係（構造）をとらえられるようになること（主題とその関連事項の区別など），目的に応じて（興味，関心，必要）適切な文章を選択しはじめることが特徴である。レベル2では，書かれている順序は言えるが，その中の関連性や重要度の判断はまだできない。

(4) レベル4

① 評価基準

　初めて接する主題を扱った文章や，やや複雑な文章を理解できるようになる。文章が一定の意味を伝えたり表現したりするために，どのような構成や工夫を用いているか理解する。自分の文章の解釈を裏づける理由や部分を指摘できる。文章は特定の読み手や目的をもって書かれていることを理解し，このために言葉や文章の構造が工夫されていることに気がつく。目的によっては，複数の文

章を用いて比較することができる。

　②　ポインター

　個人的な興味や楽しみのために本を読み，感想や意見を，根拠を示しながら述べる。例えば本を紹介するときに，なぜ勧めるか根拠を示す。

　文章の面白い部分やユーモアが，どう組み立てられているか気がついている。物語の登場人物の性格が，別の性格として描かれたらどうなるかを考えることができる。

　特定の新聞や雑誌が，なぜある種の人々にアピールするのかを考えることができる。

　文章中で，主たる論点，根拠を示す部分，結論を区別できる。いくつかの文章の特徴を比較対照できる。

　書かれている内容や意味に応じて，声の高さや調子を変えて読むことができる。

　新聞記事の出来事を，歴史的な文章，空想科学，ファンタジー，寓話などに変えることができる（ただしこれは，書くことも同時に評価することになる）。文章の工夫に気づく例として，新聞の文章では事実を簡略に示しているとか，別の文章では擬音を用いているなどと指摘できる。

　③　評価基準の説明

　レベル4の特徴は，一定の解釈の根拠を簡単に述べることができる点である。また，目的に応じた言葉の用いられ方や，一定の状況を強調するための工夫のされ方に気がついている（例えば，荒れた川の情景が危険な状況を暗示すること）。ポインターに示したように，同じ文章をいくつかの異なった形式の文章に変えることができる。

(5)　レベル5

　①　評価基準

　新しい考え方や問題に関する複雑な構造の文章の解釈ができ，解釈の根拠を説明できる。同一の問題やテーマについて書かれた文章を比較検討できる。同じ文章に対して異なった解釈があることを理解し，違いが生じる原因を説明で

きる。文章に登場する特定の人物の動機や感情の変化について考えることができる。文章の構造に関する知識を用いて，どのように文章が構成されるか説明し，これを新しく読む文章の解釈にも応用できる。

② ポインター

文章の中で扱われているテーマや問題について，どこが係争点になっているか，筋書きの転換点，原因と結果などに注目して，自分の見方を根拠づける。同じ問題に関して，異なった新聞がどのように報道しているか，比較する枠組みをつくることができる。ある文章は多くの人々に同じように解釈されるのに，別の文章は解釈が分かれるのは，文章の複雑さや読み手の文化的な経験に影響されることを認識する。パラグラフ（段落）により，文章が一定の構造をもつことを理解する。

文章の特徴から，主たるテーマを推定できる（例：寓話は道徳に関すること，詩は人生を別の角度からながめさせること）。

③ 評価基準の説明

レベル５の特徴は，文章や言葉の詳しい分析を用いて，文章の解釈ができることである。また，さまざまな文章の構成上の特徴，その目的等の知識を，文章の解釈に応用して用いることである。

(6) レベル６

① 評価基準

さまざまな文章を読んで，多様な考え方を参考にしながら，自分自身の意見を形成する。文章が書かれた背景を理解し，それが文章の表現方法にどのように反映されているかを理解できる。文章によってその言語構造や用語の使用法が異なることを認識する。さまざまな方法で表現された文章を，必要な情報や内容を選択したり，要約したり，組織化したりするなどの方法を用いて，理解できる。

② ポインター

社会的な問題を扱ったさまざまな文章を読み，その文章の問題に対する姿勢や態度，関心を払っている点，テーマについて述べることができる。特定の問

題に関する多様な文章を読み，多くの視点があることを認識し，文章は一定の内容を選択したり，逆に排除したり，強調していることを認識し，これらの議論について評価できる。例えば，同じ問題に関する異なった新聞の記事の報道の違いや，自分自身の見解とも比較しながら論じることができる。また，同じ問題について，自分自身の個人的な立場からの議論だけでなく，一定の距離を保った立場からの議論もできる。

異なった時代や場所での文章に違いがあったり，同一の部分があったりする点を説明できる。また，ある文章にはその時代や場所の社会的価値観が反映していることを認識する。文章に述べられている点だけでなく，述べられていない点も文章の内容を理解する上で重要であることを認識している。

同じテーマに関して，表現方法（物語，詩，劇）が異なると効果が変わってくることを認識し，どのような表現方法が特定のテーマについて適切かを論じることができる。

理解するために，適切にノートをとることができる。例えば，自分の言葉で要約したり，そのまま文章の一部を書き出したり，引用したページを記録したりする。読みながら，疑問点を考えてみたり，そこまでの自分の理解が適切かを確認したりしながら読むことができる。

③ 評価基準の説明

レベル6の特徴は，多くの異なった見解や構造をもった文章を理解する多様性と，それらから取捨選択する能力である。また，文章を解釈するにあたり，その文章がどのような立場や価値観から書かれているか，そのことが文章の構成や言葉の選択にどう影響しているかを認識しながら，文章の解釈をすることである。

第2章 「活用」の学習をどう評価するか

4 「活用」の評価試案(3)：小学校算数

1 レベル区分による評価で扱うべき能力や技能

小学校算数で，レベル区分による評価が適切と考えられるのは，次のような能力や技能であろう。

① 算数（数学）が現実の日常生活や社会で用いられていることについての認識。
② 問題の設定と，一定の問題を解決するために用いられる方法の選択と適切な使用。
③ 数学的な論理の使用と，根拠をもった推測ができること。
④ 問題を解決するために用いた方法が適切であったか，得られた結論が妥当なものか判断できること。

以上の能力や技能について，小学校段階でのレベル区分を6つの段階の試案として示す。前記の4つの技能を，各レベルでまとめたものである。各レベルの説明は，評価基準とそのポインター，評価基準の説明の3つから構成される点は，これまでと同様である。現行の観点「数学的な考え方」にほぼ相当するが，活用の視点，特に算数・数学が日常生活に応用される点を強調している。

2 レベル区分

(1) レベル1

① 評価基準

身近な環境で数学が用いられていることに気がつき，教師の手助けを受けて簡単な数学的な問いを発したり，初歩的な方法で解答したりすることができる。

② ポインター

自分や身近な人々が数字を用いている例を言うことができる。例えば，電話

4 「活用」の評価試案(3)：小学校算数

番号や年齢を言う場合に数字を用いることである。また，円や三角がいろいろな物やしるしとして用いられていることを指摘できる。例えば，十円玉は丸く，箱は四角などである。

教師の手助けを受けて，数えたり，対応させたり，自分で演じてみたり，絵で示したりして解答できる質問を考えたり，解答したりできる。例えば，箱の中にいくつのリンゴがあるかという質問をしたり，1つ1つ数えることでこれに解答したりする。犬が何匹消えたかを考えるために，犬の絵を描いて考える。

③ 評価基準の説明

このレベルでは，数や形が身の回りで使われていることに気がつき，数学的な質問（数えたり，形にかかわる質問，順序にかかわる質問）をすることができ，絵で描いたり，1つ1つモノと対応させながら数える方法を用いて解答すること，質問されている対象物を，絵に描いて解答することなどが特徴である。

(2) レベル2

① 評価基準

身近な人々が数や空間，測定にかかわる考え方を用いていることを指摘できる。事例を参考にして，数学にかかわる質問を作成できる。数学的な問題を，問題自体とは別のもので置き換えて考えてみたり，象徴するものに変えたり，イメージに置き換えたりして表現できる。数や形，測定に関して，実際に起こっていないことでも，それが起こったり生じたことを仮定して考えさせたり，数値や形が変わった場合にどうなるかを問う問題に解答できる。問題に関して考えたことの正しさを確認するために，簡単なテストをしてみる。

教師の指導を受け，測定や計算を複数回行い，同じ答えが出なければ，どこかに誤りがあることに気がつく。さらに間違ったところを修正しようとする。

② ポインター

家庭でお母さんが料理をするとき重さを量ったり，大工さんが材木の長さを測ったり，スーパーのレジで示された数字のお金を払ったり，時計で示される時刻という数字によって学校での生活が決められているなど，数学によって日常生活上必要なことが処理されたり，規制されていることを指摘できる。

第2章 「活用」の学習をどう評価するか

　「幸雄君の身長はどのくらい」という教師の質問を参考にして（モデリング），「東京タワーの高さはどのくらいか」という質問を考えたり，「箱の中にリンゴがいくつあるでしょうか」という質問を参考に「教室の中に何人いるでしょうか」というような質問を考えたりできる。

　「 $8 \times 9 =$ 」で表現し計算されるような質問（問題）例を考えることができる。「リンゴが5個とみかんが10個あります。これを5人で分け，だれもがリンゴとみかんがあるように分けるには，どうやって分けたらよいでしょう」という問題を，リンゴとミカンを色の違うおはじきで置き換えて考えることができる。

　「もし何々だったらどうなるでしょうか」という質問に答えることができる。例えば，前のリンゴとミカンの配分の問題で，リンゴが10個の場合はどうなるか，さきの考え方を応用して答えることができる。$16 + 8 = 24$の計算が正しいか，おはじきなどを使って確認してみる。

③　評価基準の説明

　このレベルでは，数学により日常生活上の必要なことや課題が処理されていることに気がつき，数学的な問いかけの方法を教師の例を参考に自分で作成できるようになること，現実の課題を数学的な側面だけをピックアップして処理できるようになることが特徴である。

　このレベルに限らず，数学的な技能のレベルの向上は，具体的な課題から，数学的に処理できる側面を抽出して処理できることで特徴づけられる。また，一定の計算処理の一部の条件が変化した場合にも対応できること，同じ答えが出なければどこかが間違っているので，確かめる必要があることに気がつく。

(3)　レベル3

①　評価基準

　さまざまな制作物や，自分自身の活動の中に用いられている数学的な特徴を指摘できる。一定の材料や身近な題材をもとにして，数学的な問いを作成し，問題を解決するために必要な要素をモデル化したり，図にしたり，表にしたりして問題を解くことができる。解答を推定するために，複数の試みを組織的に

してみて、答えを推測する。推定を否定する事例が出てきた場合には、その推定は適していないと判断する。

答えの正しさを確認するために、別の方法で同じになるか、教師に促されれば確認する。

② ポインター

日時計や振り子、そろばん等がどのような数学的な特徴をもっているか指摘できる。タングラムや魔方陣等のゲームが、どのような数学的特徴をもつか指摘できる。

表やグラフ、計画表、宣伝文書などの多様な材料から、数学的な問いを作成できる。問題を解決するために集めたデータを、表にしたり、一覧表にしたりして解決方法を考える。矢印や樹形図を用いて、組織だった計算をしようとする。

16×9, 26×9, 36×9 の計算結果から、86×9 の結果を推定できる。一定の広さを埋めるのに必要なタイルの数は、タイルが小さくなるほど多くの数が必要となることを測定の経験から推定できる。

$322 - 256 = 66$ の計算を確かめるために、$66 + 256$ と計算したり、$327 - 232$ の計算の答えは、$327 - 227$ の答えよりは小さいはずであるから、100よりは少なくなければならないと推定したりできる。

③ 評価基準の説明

レベル2では、直接的に数学の使用例が指摘できるのに対して、レベル3では直接には見えない場合でも、働きの原理として数学的考え方が用いられている例を発見することができる。ゲームの場合には数学の使用は明らかであるが、ゲームが数学的な操作（形を組み合わせたり、同じ答えの出る演算）をしいることを発見する。解答を探求する場合、いろいろな例を試みてみて、そこから一定の傾向やパターンを発見して、解答を推定することがこのレベルの特徴である。

第2章 「活用」の学習をどう評価するか

(4) レベル4
　① 評価基準
　同じ問題に取り組んだり，作業を遂行したりする場合，人によっても，歴史的にも，文化によっても解決方法や対処方法が異なる。これらの違いを発見し比較し，その長所や短所，特徴を指摘できる。
　問題の本質的なところを明確にするための質問ができ，最も重要な要素を明確化したり組織化したりして，解決ができる。
　いろいろな計算事例や試みをもとにして，推定したことを確認したり，誤りであるとしたり，一部を修正したりできる。
　得られた解答や答えが，予想とほぼ一致するか，用いた方法や答えが問題の内容や社会常識，他の知識に照らして妥当であるか，教師に促されれば確認できる。
　② ポインター
　江戸時代の時間の数え方と現代の時間の比較，太陽暦と太陰暦を比較することなどがその例である。
　6年生56人でムカデリレーをする場合に必要なことは何か自問し（「何を決めればよいのかな？」など），例えば適切なムカデの人数や必要な道具（足をしばるひも）の数などを発見し，計画を立てることができる。
　自動車の値段を調べるために，値段，大きさ（排気量）などを整理して表にできる。
　「奇数と奇数を足すとどうなるか」という課題について，いろいろな奇数を足してみて，その答えから必ず偶数になることを確認する。数を2倍すると必ず偶数になると考えていたが，2分の1はどうかといわれて，「自然数を2倍すると必ず偶数になる」と修正できる。
　6年生の平均身長が165cmとの計算結果が出たが，6年生で一番背の高い生徒で167cmの場合，このような平均値はどこかおかしいと考えること。また，400mを1分で走る選手は，1時間にどれだけ走るかを計算する場合，単純に60倍するという計算は現実的には妥当ではないと考えること。

4 「活用」の評価試案(3):小学校算数

③ 評価基準の説明

このレベルでは,同じ課題を遂行するにも,異なった数学的な処理方法があること,またそれぞれの利点や欠点を見つけることが特徴である。また,最初の推測と異なった結果が出た場合は,一部を修正して手直しできるのが特徴である。結果について,教師の指導を受ければ,数学の論理だけでなく,社会的な文脈などそれ以外の部分で結果の妥当性を疑わせる理由があるかを考えはじめることが特徴である。(例:1分400mで走れても,1時間の400(m)×60=24(km)走ることはできない。)

(5) レベル5

① 評価基準

日頃親しんでいる数学的考え方が,自分の住んでいる世界を表現したり,説明したりするためにどのように用いられているかを述べることができる。それまで用いてきた数学的な質問を拡張して考えてみたり,組織化された方法で問題に対処したりしようとする。問題の解答を推定するにあたり,自分の数学的な知識を用いて推定が正しいかを考慮したうえで,計算したり,いろいろ試みて,推定を誤りであるとしたり,一部を訂正する。計算過程や思考経路が正しいか考え,解答が問題の性質に照らして妥当であり意味があるかを検討する。

② ポインター

いろいろな地図を比較して,それぞれの地図が方向を正しく表示したり,距離が正しかったり,面積が正しかったり,目的に応じて異なる作成のされ方をしていることを把握できる。また,ある地図の性質に応じて,順序が正しいのか,おおよその距離が正しいのか,方向が正しいのかを見分けることができる。例えば,バスの路線図では順番が正しいこと。また,ISBNの意味や,A3,A4やB4,B5などの紙のサイズのきまりなどを調べて説明できる。

例えば,正方形では正しかったが,三角形ではどうだろうかと考えてみたり,鋭角三角形ではうまくいくが,鈍角三角形ではどうだろうかと考えたりする。また,すべてのケースについて確かめたことになるか,例として考えられるも

第2章 「活用」の学習をどう評価するか

のを一定の秩序で並べて表にすることで，すべての可能性を網羅したことを確認する。

自分の推定が正しいことを，一般化した表現で示す。例えば，「すべての平行四辺形は積み重ねることができる。なぜならば，横にずらせば1本のひも状になり，ひもは積み重ねることができるから」。

計算の結果得られた数値が，現実の状況で意味をもつように手直しして示すことができる。例えば，121人の生徒を45人乗りのバスで運ぶ計算では，= 2.688……となっても，3台という答えを出すことができる。

③ 評価基準の説明

数学は世界を記述する1つの方法であり，現実のいろいろな現象や事物には，数学が用いられていることに気がついたり，組織化された問題への対処，社会的な文脈で解答の妥当性があるか自分で考えはじめるのがこのレベルの特徴である。

(6) レベル6

① 評価基準

日頃親しんでいる数学的な考え方を用いて，自分の住んでいる世界を表現したり，説明したりできる。問題を分割して探究しやすいようにしたり，問題を解決する方法として，関連する問題やより小さな問題に置き換えてみたりすることができる。一定の状況やデータから共通の数学的な要素を見つけることができ，いろいろな方法や体系的な方法で確かめることができる。解答に用いた数学的な方法が役立ったか振り返ったり，仮定したことは適切であったか，結論は適切であるかを考えたりする。

② ポインター

蜂はなぜ巣を作る場合に6角形の房室を作るのか考えるように，一定の現象を数学的に説明したり，ダンスや魚の形のように数学とは関係ないような対象を数学的に考えてみたりできる。多角形の内角の和と辺の数の関係を調べるのに，いくつかの多角形の例を調べてそこから一般的な関係を見つけようとするように，いくつかの事例から一般化しようとする。9を分母とする真分数を小

数に直した場合，その小数の特徴を見つけることができる。また，7を分母とする真分数の場合も，それを小数に直した場合，その小数の特徴を発見できる。円の中心を求める方法として用いる弦の垂直2等分線の交点を用いる方法は，丸い池の場合用いることができるかを考えるように，一定の解法が現実の世界で用いることができるかを考えることができる。

③ 評価基準の説明

このレベルでは，自分で周りの事物を観察して数学的な問題を発見して，数学を用いようとする。大きな問題を分割して取り組みやすくしたり，いくつか試した結果から，一般的な傾向を発見したりするのが特徴である。

5　その他の諸課題について

1　知識・技能の評価とカッティング・スコア

　本章では「活用」に相当する観点について，レベル区分による評価を前提として，その評価基準について論じてきた。「知識・技能」に関する観点については，わが国のカリキュラムの特徴（内容中心のカリキュラムであること）や，実際の学校現場での評価を考えれば，数値的な評価基準，カッティング・スコアについて論じなければならない。

　これまで本書で論じてきたように，この観点に関しては，ドメイン準拠評価が基本的な評価方法であろう。つまり，通常はテスト形式で多数の問題を出し，その正解数で評価をするのである。

　ドメイン準拠評価では，多数の問題が基本的に同質のものであることを前提として，正解数に応じてカッティング・スコアを考える。しかしながら，現実のテストでは必ずしも同質の問題ばかりを出題するわけではない。例えば算数では，単純な計算問題ばかりではなく，簡単な応用問題程度も出題するのが普通である（もしこれが，複雑な応用問題となれば，それは「活用」の評価問題となる）。そして応用問題には，単純な計算問題よりも高い点数を与えるのが普通である。そのような場合，カッティング・スコアを決めるためには，問題の複雑さの程度や，単純な問題と簡単な応用問題の配分などを総合して考えなければならない。

　カッティング・スコアの設定の仕方についてはさまざまな方法が提案されてきたが（例えばアンゴフの方法），結局のところ通常の学校内で実施できるのは，問題の難易を考慮した教師の判断によるものとなる。そのような判断を助けるものとして，学校内で使用するテスト問題を例示し，それらの問題で何点ぐらい取れたらどのような評価（3段階であれ5段階であれ）をするかを示し

て，参考に供する方法が考えられる。教師はこの参考事例のテストと自分の用いたテストを比較して，問題の難易等を考慮してカッティング・スコアを決めることとしたらどうだろうか。結局のところ，これはスタンダード準拠評価に近いものになる。

これまで提案されたカッティング・スコアの決め方も，最後のところでは，教師（通常はジャッジという名称で呼ばれる専門家であるが）の判断に頼らざるをえないようになっている。

2　全国学力・学習状況調査とモデレーション

前記のようなカッティング・スコアの決め方では教師による判断の違いが大きすぎると考えられる場合には，全国学力・学習状況調査（以下，全国学力調査として言及）を利用して評価を修正する方法が考えられる。つまり，全国学力調査の得点を用いて，5段階なり3段階の評価の区分をするのである。これを各教師や学校内での評価結果と比較して，評価の修正の資料とする。

全国学力調査をこのように利用する場合には，一種のモデレーション[1]の手段としてこれを用いることとなる。モデレーションによる評価の修正が必要となるのは，評価の結果が入学試験などの重要な決定に用いられる場合である。具体的には通常，中学校卒業段階である。

全国学力調査をモデレーションの手段として用いるのは，「知識・技能」の観点にかぎらない。いわゆる「活用」の観点にも用いることができる。「知識・技能」の場合と同様に，「活用」のテストの得点を用いて，レベル区分をするのである。

ただし，全国学力調査の問題は，テスト時間やテスト形式に固有の限界があり，必ずしも通常の学習活動を用いたレベル評価とまったく同一のことを評価するわけではない。また，現状では全国学力調査は，算数・数学，国語の2教科だけなので，他の教科ではこのようなモデレーションができない。こうした点は，「活用」の評価のモデレーションに全国学力テストを用いる際の大きな限界である。

なお，全国学力調査をモデレーションの方法として用いないとしても，全国

第2章 「活用」の学習をどう評価するか

学力調査の問題作成に当たっては，レベル区分による各レベルの内容と，テスト問題の内容に一定の関連をつけるべきであろう。その1つの先例は，PISAの習熟度レベルである。

3　レベル区分の決定方法

本書で提案した8レベルの評価基準案は，小学校から中学校までの9年間に対応したものである。「活用」の観点に対応した児童生徒の発達段階は，非常にゆっくりとした変化であり，これ以上の細かな区分はきわめてむずかしい。

各レベルの評価基準の内容は，詳細に見ればいくつかの能力や達成事項の組合せから構成されている。この組合せを構成する事項を，さらに発達段階ごとに並べるのは不可能である。それは，生徒がこの各レベルの構成事項のどれから達成するかについての個人差が大きいからである。

場合によっては，下位のレベルの達成事項と上位のレベルの達成事項の両者を部分的にできるようになることもある。このような場合を考慮して，達成レベルを決める方法は2つある。

1つは，複数のレベルにまたがる達成事項を総合判断して，教師が一番ふさわしいレベルを選択する方法である。これは「ベスト・フィット法」といわれる。もう1つの方法は，各レベル内でさらに区分を設ける方法である。以下に例を挙げる。

・レベル3のA：レベル3のほとんどを達成した。
・レベル3のB：レベル3の達成事項のほうがレベル2の達成事項よりも多い。
・レベル3のC：レベル2の達成事項のほとんどを達成し，レベル3の一部を達成した。

このような方法を用いれば，1つのレベルの中で，さらに細かな進歩を表現することができる。

4　「知識・技能」の観点の評価と「活用」の評価の合算

2つの観点の評価の合算は，つまるところ評定をどう導き出すかという問題である（すでに述べたことであるが，「関心・意欲・態度」の評価とこの2つ

の評価は合算しないほうがよいと私は考える)。

　基本的には,「知識・技能」のドメイン準拠評価と,「活用」のレベル区分は異なった評価方法であるため,合算しないほうがよいと考えられる。しかしながら,わが国では長年にわたり,学習の状況を簡便に示す方法として評定が用いられてきた。そのことを考慮してどうしても評定が必要な場合には,次のような方法が考えられる。
　① 　ドメイン準拠評価の観点では3段階なり5段階の数値をそのまま用いる。
　② 　レベル区分の評価を3段階や5段階の数値にするには前記のレベルを細分化する方法を用いる。
　例えば,ある学年でレベル2から3などを用いる場合には,
　・レベル3のA：数値5
　・レベル3のB：数値4
　・レベル3のC：数値3
　・レベル2のA：数値2
　・レベル2のB：数値1
として5段階に換算する。レベル3のA以上はすべて5,レベル2のB以下はすべて1とする。これはあくまで換算例であり,細部についてはさまざまな方法がありうるであろう。
　この「活用」の部分の数値と,「知識・技能」部分の数値を合算して,合計点に応じて評定を定めることになる。

5　「関心・意欲・態度」の評価について

　この観点の評価は,長年にわたり現場の教師を悩ませ続けてきた論点であるため,再度確認したい。これまで論じてきたのは,認知的領域に関する評価であったが,この観点の評価は,情意的な領域に関する評価である。両者は,明らかに異なった性質のものである。異なった性質のものを合算すると,合算されて得られた数値の意味を説明することが困難になったり,一義的にその意味を確定しにくくなったりする。
　具体的には,「関心・意欲・態度」の評価を認知面の評価と合わせて評定に

まとめると，評定の意味がわかりにくくなる。例えば，高等学校では，中学校からきた調査書に評定だけが示されている場合，評定値が4だとしても，認知面が優れていて4なのか，情意面の評価が高くて4なのかわからないのである。資料を受け取る立場から言えば，どちらが優れているのか知りたい。

合算すべきでないという理由の2つめは，信頼性や妥当性の高い情意面の評価はきわめて困難であることによる。認知面での評価は，完全とはいえないにしても，ある程度の信頼性や妥当性を確保することが可能である。しかし情意面に関しては，信頼性や妥当性を高める方法についての研究の進展はほとんどない。したがって両者を合算することは，評定の信頼性や妥当性を損なうこととなる。

さらに欧米では，そもそも関心や意欲などの評価は，主観性こそが重要であるという議論が登場してきた。そもそもこの観点について信頼性や妥当性を求める研究が欧米でほとんどないのは，これを確保する技術的な研究に見通しが立たないと考えられているだけではなく，生徒が学習者としての自分をどのように考えているか，その自己認識こそが重要であると考えていることにもよる。学習者としての自分自身の評価が低ければ，そもそも学習に対して努力を傾けず，逆に，学習により自分が向上するという意識をもてば，努力するようになると考えている。評価の信頼性や妥当性を重視するあまり，この観点での生徒の向上に力を注ぐことについて，はたして問題はなかったかを考えてみるべきであろう。

6　総合的な学習の評価

総合的な学習に関しては，学習活動の内容とその中での進歩を記述する形式が現行の評価方法である。しかし，高等学校に中学校から送られてくる調査書を見るかぎり，どの生徒に関する記述もあまり変わりがない。進歩内容の記述を読んでも，かなり抽象的で，どのような進歩があったのか具体的な姿が判然としない。

とはいえ，そういう高等学校自体の総合的な学習に対する取組みは実に心もとない状況であり，ましてやその評価の記述も，担任の作文にすぎないか，い

くつかの記述パターンからの選択にすぎない例まである。現状を見るかぎり，総合的な学習の評価は，多くの問題がある。

こうした問題を解決するには，現状では結局のところ，ポートフォリオ評価を導入するしか打開策がないのではと考える。学習活動の内容が多岐にわたる総合的な学習では，実際の作品や活動事例を示さないと，具体的な生徒の姿は見えてこない。ポートフォリオ評価は，具体物そのものを示す点で，この問題を解決できる。

多くの総合的な学習では，調査や探究活動が行われる。調査や探究活動に関しては，レベル区分をすることが可能だと考えられるので，この部分だけでも通常の教科と同様にレベル区分を導入する方法もある。

7　高等学校の評価

高等学校の評価で最大の問題は，学校や生徒間での大きな学力差である。中学の学習さえ十分に理解できない生徒から，難関大学への進学をめざす者まで，学力格差は小中学校よりもさらに大きい。そのため，現行の5段階評価の枠組みにはとても収まりきれない状況になっている。このような状況は，1960年代の高校進学率の急上昇に加え，80年代後半の新設校の増加と大学入試制度改革により一層深刻になった。新設校の多くが推薦入試により大学への進学実績を増やそうとして，成績評価を意図的に甘くする傾向が生じ，この状況は以後一貫して継続してきたため，高校教育全体として評価のインフレーションが生じた。

この高校の成績評価のインフレーションに対応して，大学側が各高校の評価を一定の仕組みで割り引いたり，逆にかさ上げしたりしているという調査報告さえ登場している。この調査を見るかぎり，大学側が各高校をランク付けして，調査書の扱いを調整していると仮説を立てると，一部の大学の推薦入試において，調査書の評価の数値と該当大学の合否との関係（低い評定でも合格する場合と，高い評定でも不合格が生じる逆転現象）がみごとに説明できるのである。高等学校の評定がこのような扱いを受けざるをえないのは，学校間格差と全国共通の評価基準がないこと，それに加えて評価のインフレーションが起こって

第2章 「活用」の学習をどう評価するか

いるからである。

　こうした問題を防ぐためには，一部の評価数値のレベルに対しては，全国統一の評価基準を設定しなければならない。さきにも述べたように，普通教科については5段階評価ではなく，より多くの段階，例えば8段階評価として，評定5については全国共通の評価基準を設定することが考えられる。そしてこの5の評価を，高等教育に進学する場合に望まれる学力水準とするのである。当然，この学力水準を設定する技術的な方法が必要となる。

　1つの方法は，センター試験を用いる方法である。センター試験での一定の点数を5の評価とすべき水準であるとする。別の方法として，話題にのぼっている接続テスト（仮称）をこの5のレベルを確認する方法として用いることも考えられる。もちろんこのようなテストを用いずに，問題例を示してその問題例でどのくらいの点数が取れたなら5とすべきかを示す方法もある[2]。

■注
(1) モデレーション（moderation）とは，異なった評価者の評価結果が，同じ生徒作品や学習に関して，異ならないように調整する働きやそのための手続きを言う。要するに，評価の統一性を確保するために行われるのがモデレーションである。モデレーションに用いられる方法としては評価結果の統一（quality control）の方法と，評価過程の統一（quality assurance）の方法に大別できる。前者は，評価結果が出てから，事後的に評価を調整する方法である。例えば，ある評価者の評価結果が他の評価者に比べて厳しすぎる場合には，その評価者の評価結果を高く修正する（Cの評価であったものをBにしたりする）。後者は，評価者が用いる評価基準を統一したり，評価基準の解釈が同じように行われるように，評価事例集を作成したり，研修を行ったりすることである。
(2) 2013年1月，中央教育審議会高校教育部会は，到達度テストの導入の方針を打ち出した。

第3章

評価基準の体系化：西オーストラリア州の事例から

    1   評価基準の体系化と発達段階の見取り図
    2   「科学」における評価基準
    3   「国語」（English）における評価基準(1)：「話すことと聞くこと」
    4   「国語」（English）における評価基準(2)：「読むこと」「書くこと」
    5   「算数・数学」における評価基準：数学的な戦略
    6   「社会と環境」における評価基準
    7   発達段階を明示した枠組みと分析・総合の評定

第3章 評価基準の体系化：西オーストラリア州の事例から

1 評価基準の体系化と発達段階の見取り図

　第3章では，子どもの発達の全体的，長期的な見通しを明らかにする方法の1つとして，評価基準を体系化する基本原理と，これを各教科に応用してどのように評価基準を作るかを説明する。

　まず，評価基準の体系化とは何か，また，なぜそのような体系化が必要かを説明したい。

1　評価基準の体系化とは

(1)　カリキュラムの構成要素

　カリキュラムを作る場合，最低限3つの構成要素が必要である。

　まず，どのような内容を学習させるかを決めなければならない。例えば，三角形の面積の求め方，日本の政治制度，マグネシウムの酸化，光合成などといったものである。次に，このような内容を通じて，どのような能力や技能を獲得させるかである。わが国の観点別評価の「関心・意欲・態度」「思考・判断」「技能・表現」「知識・理解」がその例である。最後に，どのような学習活動の中で学習させるかである。例えば，問題解決活動の中でとか，体験的な学習を通じてなどである。

　さらに，これに評価を加えて4つと考えたほうがもっと完全であろう。なぜなら，評価の在り方が，前三者に大きく影響するため，前三者と整合性のある評価の在り方を規定することは，カリキュラムを考える上で必要不可欠であるとの認識が広まりつつあるからである。

(2)　内容中心のカリキュラムと評価

　わが国のカリキュラムは，上で述べたカリキュラムの構成要素のうち，内容を細かに規定する内容中心のカリキュラム構成をとってきた。学習指導要領に

加えて，検定教科書が用いられることで，全国ほぼ一律の学習内容を詳細に決めてきたといってよい。しかし，観点別評価の重視によって，わが国でも，発達させるべき能力や技能の面からもカリキュラムを考えるようになりはじめたといえるであろう。さらに問題解決学習や体験的学習の強調，活用の強調，そして評価への注目によって，残りの2つ（評価を含めれば3つ）についてもカリキュラムの構成要素として重視されはじめたところである。

しかし，従来の考え方や習慣は簡単に消えるものではない。やはり多くの教師は，教科書を中心に学習させることが生徒を発達させることであると考えている。総合的な学習をめぐる戸惑いは，これまで教師自らが発達とか進歩について考える必要がなかったために生じているといってよい（これは私自身のことでもある）。

これに対応して評価も，教科書に書かれてある事項を生徒が知識として覚えたかどうかを，1つ1つ確認することが理想とされてきたのである。しかし，前記の観点別評価の重視等によって，少しずつ事態が変わりはじめたのである。

(3) 思考力・判断力等の評価

観点別評価によって，これまでの教科書の内容（特に知識）を獲得したかを評価することから，思考力や判断力等をも評価する必要に迫られることになった。しかし，それまでの習慣から，知識と同じく思考力や判断力等も，個別の単元ごとに生徒が目標に達したかを評価することとなった。

その結果，例えば小学校3年段階の思考力や判断力と5年のそれとはどこが違うか，明確化できなくなってしまった。（とりわけ，定まった学習内容を規定しない総合的な学習で，この問題があらわになりつつある。）

先生方から，「小学3年生の（例えば思考・判断の）Aと4年生のBとはどういう関係にあるのか」といった質問が出されることがある。これは，子どもの長期的な発達について，考えはじめているのである。実際に観点別評価を次の指導に生かそうと思えば，こうした長期的な見通しをもっていた方が指導しやすい。

しかし，現在の単元ごとなどの評価基準だけでは，このような疑問に十分に

応えることは難しいのではないかと考える。確かに学習指導要領には，学年ごとの目標が書かれているが，具体的な子どもの様子がどうなるかはよく分からないのである。

(4) パターンや構造の変化

現在では思考力や判断力等の発達は，個別的にブロックを積むような形で進むのではなく，問題や課題にぶつかったときの対応の仕方や対処方法のパターンが変化したり，関連する要素を結合させる構造が変化したりするものと考えられている。そして，このようなパターンや構造には，個人差があるとはいえ，ほぼ一定の変化の段階を踏んで発達していくと考えられるようになってきた。そのためこのような能力や技能の評価は，長期にわたる全般的な変化を，この発達段階と比較してとらえていかなければならないと考えられる。

さらにいえば，知識などの学習内容についても，これまでは教科書に従って指導すれば自然に発達段階に従っているとしてきたのであるが，本当にこれまでの指導の体系でよいのか，振り返って確認する必要もある。学習指導要領の改訂のたびに繰り返される，学習内容の指導時期の変更は，わが国のカリキュラムが必ずしも発達段階を正確に考慮して作成されたものとはいえないと感じさせるのである。

本章で考える評価基準の体系化は，このような発達段階を踏まえて，相互に関連性をもった（発達の前段階と，次のより高次の段階という階層構造をもった）評価基準を作成することで，思考力や判断力などの高次の技能の評価を信頼性・妥当性をもって実施できるだけでなく，これらを育成するための指導の方針を的確に決めるためにも役立つと考える。

2　発達段階の見取り図

1990年代から，生徒のさまざまな能力や技能の発達段階に関する研究が進んできた。その研究の成果として導きだされたものを「発達段階の見取り図」（developmental map）ないしは「発達の連続過程図」（developmental continuum）という。そして，このような発達段階の見取り図をもとに，指

導計画や評価基準を作成していくべきであると考えられるようになってきた。評価基準の体系化は，このような発達段階の見取り図をもとに評価基準を考え直そうとする試みである。

わが国のカリキュラムは，前述のように学習内容を中心に構成したカリキュラムであり，能力や技能の発達を中心にすえて構成したカリキュラムではない。特に思考力や判断力がどのように発達していくかの段階が不明確なため，単元ごとに知識と同様の個別化した評価となってしまったのである。

当然，それに対応した評価の在り方も，従来の個別的な知識の評価に適したものになっていたのである。そこで本章では，発達段階の見取り図の成果を，各教科での評価基準の体系化にどのように生かすことができるかを説明していく。

3 「発達段階の見取り図」の研究の進展

発達段階の見取り図が必要だとの認識は，1963年にグレイサーがクライテリオン準拠評価を提唱したときから始まっていた。しかし実践的な研究は，1990年代に入って，イギリス，カナダ，アメリカ，オーストラリアで進展した。イギリスでは，ナショナル・カリキュラムの8段階（当初は10段階であった）のレベル評価がその応用事例であり，カナダではトロント市のトロント・ベンチマーク（Toronto Benchmarks）が発達段階を示した評価基準として開発された。アメリカでも，「教育進歩に関する全国評価（NAEP；National Assessment of Educational Progress）」の中で，発達段階の見取り図の考え方が取り入れられている。また，一部の地方自治体でもこの開発を行っている（例えば，Bainbridge Island）。

しかし，発達段階の見取り図の研究で，最も先行しているのはオーストラリアであろう。その理由をまず説明したい。

4 「発達段階の見取り図」の作成方法と改良

まず，発達段階の見取り図の作成には，2つの方法の組合せが望ましいと考えられる。1つは，該当の学習領域や教科の目的，学習内容の構造，生徒の発

第3章　評価基準の体系化：西オーストラリア州の事例から

達状況についてよく知っている研究者や教師のもつ発達段階についての見解である。もう1つは，さまざまな課題や問題に対する生徒の実際の反応を調べることによって，発達段階を描きだすことである。前者はいわばトップダウン方式であり，後者はボトムアップ方式といえよう。

　一見，後者の方式が望ましいように思われるかもしれないが，作成に多くのデータを集める必要があり，時間がかかる。また，教育は，必ずしも生徒を自然にまかせて発達させるわけではなく，ある一定の価値判断に基づいて，特定の学習内容や能力・技能を学習させることでもある。そのため，発達段階の見取り図にも，生徒のあるべき学習についての専門家や教師の価値判断が入ってこざるをえない部分がある。しかしだからといって，生徒の実際の発達可能性を無視できるわけでもない。そのため，実際の発達段階の作成には，両者の組合せが必要である。つまり，専門家や教師のもつ発達段階に関する意見を，実際の生徒の発達段階に関する調査データによって修正していくことが，最も現実的な方法であろう。

　オーストラリアの発達段階の見取り図はトップダウン型であるが，専門家の意見を，実際の生徒の事例を使って修正して作成したものである。同じトップダウン型のイギリスの発達段階の見取り図は，生徒の実際の事例での修正作業が不十分である。カナダやアメリカの発達段階の見取り図はボトムアップ型であり，まだ一部の教科だけに限られている。ボトムアップ型で全教科の発達段階の見取り図を作成するのは，非常に多くの調査データが必要である。この点，オーストラリアはほぼすべての教科を網羅している。同時に，発達段階の見取り図の各段階に相当する生徒の学習事例が添付されている点でも優れている。

　以上の理由から，ここではオーストラリアで開発された発達段階の見取り図をもとにした評価基準を紹介し，評価基準の体系化の方法を紹介していく。これによって，細部については詳しいが，全体の見通しが不明確なわが国の評価基準の改善に寄与できればと考える。

　ここでは，オーストラリアでも最もこの発達段階の見取り図の改良が進んでいる，西オーストラリア州の発達段階の見取り図を中心に説明していく。

5　西オーストラリア州の評価のフレームワーク

　西オーストラリア州では，第1学年（6歳，初等教育開始年齢）から第12学年（18歳，中等教育終了年齢）までの学習活動を，8つの領域（Learning Area）に分けている。アート，国語（English），保健体育，外国語，数学，科学，社会と環境，技術と実践の8つである。各領域は，日本の「教科」にほぼ相当する。

　各領域（教科）は，さらに，例えば科学ならば「地球と宇宙」「エネルギーとその変化」などのストランド（Strand）に区分される。わが国の科目または分野に相当するといってよいので，ここでは「分野」とする。

　評価にあたっては，この分野（ストランド）をいくつかのサブ・ストランド（Substrand）に分けて，まずこのサブ・ストランドごとに評価する。サブ・ストランドは内容からいって，わが国の「観点」に相当するので，これからは観点と表現する。つまり，この点はわが国の観点別評価の方法と似ているわけである。ただし，観点の内容がわが国と異なっていることは，各教科の説明をしていけば分かるであろう。

　発達段階の見取り図をもとにした評価基準は，この観点（サブ・ストランド）ごとに設定されている。同時に分野（ストランド）にも評価基準が設定されている。分野（ストランド）の評価基準は，わが国では評定に相当する。評価基準は，実際には生徒の学習結果の記述（student outcome statements）と呼ばれているが，本章では「評価基準」と呼ぶこととする。

　評価基準は，第1～12学年の学習を8段階のレベルに分けて評価する。（細かくいえば，知的な障害のある生徒用のFレベルが8段階のレベルの下にある。）

第3章　評価基準の体系化：西オーストラリア州の事例から

2 「科学」における評価基準

1 「科学」の分野と観点

　最初に取り上げる領域（教科）は，科学である。科学を構成する分野と観点は，下表のようになっている。「科学的探求」だけが4つの観点に分かれており，それ以外の観点は分野と同じである。前述したように，この「分野」と「観点」には，それぞれ8段階のレベル評価基準が設定されている。

分野（Strand）	観点（Substrand）
科学的探求	①探求計画の作成
	②データの収集
	③データの処理
	④結果の評価
地球と宇宙	⑤地球と宇宙（分野名と同じ）
エネルギーとその変化	⑥エネルギーとその変化（分野名と同じ）
生命と生活	⑦生命と生活（分野名と同じ）
自然と加工物	⑧自然と加工物（分野名と同じ）

　分野としては独立していないが，科学の学習目標として4つの目標が設定されている。「科学的なコミュニケーション技能」「日常生活での科学」「責任ある行動」「社会の中での科学」である。これらは，設定された分野のレベルの評価基準の中に，部分的に組み込まれている。

2 観点ごとの大まかな発達段階

　生徒の発達段階を観点ごとに8段階のレベルで示すことにより，評価基準を設定しているのであるが，この8段階のレベルの評価基準の前段階として，観

点ごとに，より大まかな発達の見通しが示されている。8段階のレベルを理解するうえで，この概観をまず理解することが重要である。そこで，各観点での発達の概観をまず示しておきたい。以下，文献(1)より要約して示す。

①「探求計画の作成」
　自分の考えたことを確かめるために，科学的に正しいテスト（実験）が必要であることに気が付くことから始まり，進歩すると，仮説の意味の理解と変数をコントロールしたテストをする方法を理解するようになる。
②「データの収集」
　簡単な材料を用い，少数のステップを必要とする方法でデータを集め，観察結果を口頭や絵で示すことから，最も適切な材料や方法を選択し，測定の正確さの観点から選択の理由を説明できる。
③「データの処理」
　観察したことを友人と共有することから，比較したり，パターンを発見したり，説明したり，集めたデータを考慮して結論を導くようになる。
④「結果の評価」
　初期の段階では，得られた結果が想定したことと一致するかどうかを述べたり，難しかったことを指摘する。レベルが上がると，探求計画の改善すべき点を指摘したり，計画の限界，再調査をする場合，問題点を別な角度からとらえ直すことができるようになる。
⑤「地球と宇宙」〜⑧「自然と加工物」まで
　これらの観点は，①〜④の4観点と異なり，概念や一定の知識の学習を含んだ分野である。まず，最も大まかな進歩として，次のような概観が示されている。
・具体的なものから抽象的なものへ変化する。
・個人的なものから客観的なものへ変化する。
・問題解決や科学的な思考が，より複雑な事柄に対してできるようになる。

　このように非常に簡単な発達段階の概観であるが，最初から細かな評価基準

を設定するよりも，大まかな発達段階を考えたうえで細分化していくほうが設定しやすいし，これを用いる教師にとっても理解しやすい。

ここで①から④までの観点の能力や技能は，科学のプロセス・スキル（process skill）と言われるものである。ここでいうプロセスという言葉は，科学的な探求の過程で用いる処理技能という意味で用いられている。

3 各レベルの評価基準

各レベルの評価基準は，⑤から⑧の観点については，より高度と考えられる概念や知識と，認知的な能力の組合せで設定される。特に注目されるのは，認知的な能力の発達に関して，8つの段階的なレベルが研究され設定されていることである。これらのレベルをもとに，各観点や分野での8段階のレベルの評価基準が設定される。なお①から④の観点は，特定の概念や知識と組み合わせて示されているわけではなく，純然たるプロセス・スキルの内容で示されている[1]。

〈認知的な能力の発達段階〉
・レベル1：見つける。区別する。気が付く。観察する。
・レベル2：〜に関して述べる。特徴を名づける。記録する。変化を述べる。どのようにしたか述べる。リストを作る。
・レベル3：パターンを述べる。関連させる。結びつける。変化を特徴と関連させる。分類する。選り分ける。組織する。
・レベル4：比較する。対照する。プロセスを見つける。相互作用を述べる。身近なデータをもとに予想する。
・レベル5：概念を説明し評価し用いる。モデルを用いる。概念やモデルを考えたり，検討したり，応用したりする。概念を定義する。
・レベル6：システムを説明する。数量化する。原理を用いる。関連する証拠を示す。システムレベルで概念を用いる。計画を立てる。原理や分類，仕組みを応用する。
・レベル7：システムを分析する。役割を述べる。概念を比較する。システム全体を調べた証拠を使って予測する。理論を評価したり，応用する。

・レベル8：システムレベルでのメタ分析や批判，方法の比較検討をする。決定を行う。方法について説明する。理論を作る。
（注：後の段階は前の段階を含んでいる）

このように西オーストラリア州の認知能力の発達段階は，わが国での評価基準のこれまでの作成事例の問題点を考えるうえで非常に参考となる。つまり，しばしば「判断する」とか「考える」という言葉を使って評価基準を述べているが，この「判断する」「考える」ことがどのように進歩していくのかについての研究が不足してきたのではないかということである。

前に述べたように，⑤から⑧の観点については，これと知識や概念を組み合わせて，評価基準を作っている。基本的な評価の原理は，スタンダード準拠評価（standard referenced assessment）の方式を用いている。第1章と2章でも説明してきたように，スタンダード準拠評価とは，評価基準を示すのに，各基準の特徴を抽象的な言語表現で示すとともに，この抽象的な特徴を，このレベルに当てはまる生徒の具体的な評価事例でもって説明することである。

西オーストラリア州の場合も，言語表現には認知能力の発達段階を示す表現を主として使い（つまり，前記の8段階の発達段階の表現），評価事例集では該当レベルで学習すべき知識や概念を使って説明する方法をとっている。

当然ながら，このような説明だけでは，評価基準の具体的な姿は見えてこない。そこで次項では，「自然と加工物」の観点を事例として取り上げて，認知能力の発達段階を使って，どのような評価基準を作成しているか，言語表現と評価事例を紹介することにより説明したい。

4 「自然と加工物」の評価基準

「自然物と加工物」の分野（Strand）は，そのまま観点（Substrand）にもなっている。この分野（観点）は，内容を詳しく検討すれば，わが国の「科学的な思考・表現」と，「自然事象についての知識・理解」の観点の一部と重なる部分があるため，参考になると考える。以下，評価基準とその意味については，文献(2)を筆者が適宜要約したものである。

第3章　評価基準の体系化：西オーストラリア州の事例から

(1)　レベル1
◆生徒は日常生活では異なった材料が用いられ，材料は変化することを理解している。

【評価基準の意味】
　このレベルでは，日常生活で様々な材料が用いられていることを見分けることができればよい。例えば，コップがガラスでできていたり，鍋がアルミでできていたりすることを見分けることができる。
　また，木材，鉄，プラスチックなどを区別できる。
　さらに材料が変化すること，例えば氷が水になったり，木が燃えて灰になったりすることを理解している。

【このレベルの特徴】
　このレベルでは，認知能力の発達段階レベル1の「見つける，区別する，気がつく」が用いられている。

(2)　レベル2
◆生徒は材料が異なった用途に使われ，異なった特性をもち，異なった変化をすることを理解している。

【評価基準の意味】
　このレベルでは，材料の用途をそれらの特性と関連させることができる。木材が異なった用途に用いられたり，用途によって異なった紙が用いられたりすることを理解している。
　また，材料によって異なった変化をすることも理解している。例えば，水は冷凍庫に入れれば氷になるのに，鉄はただ冷たくなるだけであること。またボールに空気を入れると，弾み方が異なることが分かる。

【このレベルの特徴】
　このレベルでは，認知能力の発達段階のレベル2の「特徴を名づける，変化を述べる，どのようにしたか述べる」が用いられている。レベル1の「変化の理解」とレベル2の「変化の理解」の違いは，レベル1が「変化する」ことに気がつくだけであるのに対して，レベル2では「変化の程度や，変化の仕方が

材料によって異なること」を理解していることで区別される。

(3) レベル3
◆生徒は特性，変化，材料の利用が関連していることを理解している。
【評価基準の意味】
　生徒は材料に加える変化が，材料の特性の変化を引き起こすことを理解している。例えば，水に塩を入れると，水中の木材がより高く浮くこと，バターを冷蔵庫に入れると固くなること，磁石を熱すると磁性を失うことを知っている。
　また，材料の構造が，その特性と関連することを理解している。例えば，スポンジが水を吸収するのは，その中にたくさんの空間があるからであることを認識している。
　さらに，材料の変化の過程を述べることができる。例えば，鉄鉱石が鋼鉄に変化する過程を図にしたり，羊毛が羊の毛から上着に変わっていく変化を述べることができる。
【このレベルの特徴】
　レベル2の「変化の理解」は，変化にも程度の違いがあったり，異なった変化があることを理解していることをさすのに対して，レベル3では，特定の作用によって，材料がこれに対応した特定の変化をする関連性を理解することである。また，材料の特性を直接目で観察できる構造上の特徴と関連させて説明できることが，このレベルの特徴である。また，一定の変化のプロセスを述べることもこのレベルの特徴である。
　認知能力の発達レベルでのレベル3の「関連させる，結びつける，変化と特徴を関連させる」がここで用いられていることは明らかであろう。

(4) レベル4
◆生徒は材料の特性，変化，その使用方法が，その材料の微粒子の構造に関連することを理解している。
【評価基準の意味】
　生徒は材料のある特性が，異なる目的に対して役に立つことを知っている。

例えば，金や銀がなぜ装身具に用いられるかを知っている。

　また，材料の構造や特性を，微粒子構造の特徴から述べることができる。例えば，空気がなぜ伸縮性があるかを粒子の間隔で説明する，ガラスが光を反射する理由を表面が滑らかであることで説明する。

　さらに，材料の化学的な変化の過程を説明できる。例えば，植物が水と二酸化炭素，光から食物を作ったり，鉄鉱石から鉄を取り出す過程が化学的な過程であることや，液体（酢）と固体（重炭酸ナトリウム）の反応が，気体と熱を発生することを説明できる。

　このほかに生徒は，材料の反応や変化に影響する条件を認識し述べることができる。

【このレベルの特徴】

　このレベルでは，材料の相互作用を化学反応として概念化し，材料の特性を微粒子構造という直接目に見えない構造から説明するようになる。

(5)　レベル5

◆生徒は微粒子構造を用いて，材料の特性を説明するモデルや概念を理解している。

【評価基準の意味】

　このレベルでは，物質の相違やある材料が特定の目的に用いられる理由を，原子や分子構造のモデルを用いて説明することができる。また，原子や分子のモデルを用いて，元素，混合物，ガラス，簡単な反応を表現することができる。例えば，塩化ナトリウムや水の化学式を表現できる。

　また，質量保存の法則を化学的な変化の中で適用できるかを示すことができる。水の反応式を示すことで，化学反応において原子や分子が再構成されることを説明できる。

　さらに，分子の結合過程により，異なった性質をもったポリマーを作り出すことを述べることができる。また，蒸留などの過程を通じて，異なった分子が分離されることを述べることができる。

【このレベルの特徴】

認知的な能力の発達段階のレベル5「概念を説明し評価し用いる。モデルを用いる。概念やモデルを考えたり，検討したり，応用したりする」が使われている。原子や分子のモデル，化学反応を分子や原子の結合の変化としてとらえるモデルを用いている。

【評価事例】（生徒と教師の会話の記録，水と砂糖の混合について）[3]
教師：何が起こっているでしょう。
生徒：砂糖が水に入って消えてしまっている。
教師：その通り。これをどう説明したらいいでしょう。
生徒：えーと，水のなかでは，粒子がぎっしり詰まっている…間の間隔はほとんどないから，砂糖はそれらの隙間にちょうど入り込むことができると思う…これが溶けるということでしょう。
教師：じゃあ，砂糖はまだそこにあるということですか。
生徒：そうです。
教師：いいでしょう。
　　　（中略）
生徒：液体…えーと…砂糖は水のなかでは，より小さな粒子となり，水のなかに入っていくのでしょう。
教師：砂糖の粒子についてもう少し説明してください。砂糖の粒子に何が起こるのですか。
生徒：砂糖の粒子が分かれていく…水に入ると。

(6) レベル6
◆生徒は化学反応のシステムやグループの関係する物理的な変化や，化学的な変化を説明する概念や原理を理解している。

【評価基準の意味】
　このレベルでは，原子や分子モデルを用いて，拡散の過程を説明したり，これをどのように化学システムに利用するかを述べることができる。例えば，原油の蒸留過程を大まかに説明したり，炭素の減少概念を使って，鉱石から金属を得る方法を説明できる。またこれらの過程を，水の電気分解の反応式のよう

に，化学反応式を用いたり，可逆反応として説明できる。

　また，化学のシステムや，酸・塩基などの化学のグループに関する知識を，化学反応の性質の予想に使うことができる。さらに，温度や濃度などが物理的，化学的な変化に与える影響を調べることができる。

　このほか，溶液の伝導性をそれらのイオンの性質に関連づけることができたり，イオン結合と共有結合の違いを，日常的な材料を例としたモデルを用いて説明できる。

【このレベルの特徴】

　このレベルの特徴は，化学のシステムを説明できたり（例：石油の蒸留過程），システムレベルで概念を用いることができる。酸や塩基のグループの概念を用いて化学反応を予想することは，認知的な能力の発達段階のレベル6でいう「原理や分類，仕組みを応用する」に該当すると考えられる。このレベル6以上は，わが国では高等学校のレベルに該当する基準といえる。

(7)　レベル7

◆生徒は材料の構造，変化，使用に関する知識を広げるための化学の役割を理解している。

【評価基準の意味】

　このレベルは，科学が物質の構造や特性の理解にどのように寄与してきたかを理解するレベルである。例えば，周期律表による物質の分類の背後にある考え方を理解したり，この周期律の発見が，注意深い研究とパターンの観察をもとに行われた経過を知ることで，科学の基本的な姿勢を理解している。また，周期律表に見られる原子の特徴を，各原子の構造により説明できる。

　また，酸化や還元などの理論の発達が，材料の理解にどのように寄与したかを述べることができる。さらに反応を量的に理解するためのモル概念を理解している。

　さらに科学産業に関する研究により，化学反応のメカニズムや，反応速度に影響する要因の理解が，生産工程の効率性を高めることを理解している。

【このレベルの特徴】

このレベルの特徴は，科学という分野の考え方，研究方法などを理解していることである。これまでのレベルでは，特定の概念や知識を理解しているかを問題としてきたが，このレベルでは科学の方法論そのものを全体として理解しているかを問題としている。科学というシステムの特徴や役割を理解することになる。

(8) レベル8
◆生徒は科学が材料の構造，変化，使用などに関する人々の理解にどのように貢献したかを評価する方法を理解している。
【評価基準の意味】
このレベルでは，科学での材料のテスト方法，観察，分析方法などの広く受け入れられた原理や手続きを用いて，物理的な環境を調べたり，改善する方法を提案できる。また新しい材料を開発したり，その利用を考える科学者の考え方について議論することができる。
さらに，システム全体のエネルギーや材料の全体的な流れを図で示すことができる。
その他，材料に関する知識を，生活の質や経済や環境問題に応用できる。
【このレベルの特徴】
このレベルは，認知的な能力の発達段階のレベル8「システムレベルのメタ分析や批判，方法の比較検討をする。方法について説明する」が用いられている。科学の方法論に関する批判的な検討や応用がその特徴である。残念ながら高等学校段階のわが国での学習指導や評価で，そこまでの批判的な理解や分析を生徒に求めてはいないであろう。

ここでは「自然と加工物」の分野を例に，どのように評価基準を設定しているかを紹介した。認知的な能力の発達段階と，学習すべき概念や原理を組み合わせて，レベルを設定しているのである。わが国の評価基準は，学習すべき知識や概念，原理の規定は詳しいが，認知的な能力の発達段階に関する考慮に欠けているのではないかと感じざるをえない。

第3章 評価基準の体系化:西オーストラリア州の事例から

■参考・引用文献

(1) Education Department of Western Australia (1996) *Student Outcome Statements : Overview*. Perth.
(2) Education Department of Western Australia (1998) *Student Outcome Statements*. Perth.
(3) Education Department of Western Australia (1998) *Outcomes and Standards Framework : Science Work Samples*. Perth. p.108.

3 「国語」(English)における評価基準(1):「話すことと聞くこと」

1 「国語」(English)での分野(Strand)と観点(Substrand)

　科学に続いて，西オーストラリア州の国語（English）を例として，発達段階の見取り図をもとにした評価基準を紹介したい。

　国語では，分野（Strand）として「話すことと聞くこと」「映像の視聴」「読むこと」「書くこと」がある。2番目の「映像の視聴」はめずらしい分野である。これは目的意識をもちつつ映像を視聴し，内容を理解したり，批判的に見たりすることである。このような分野を立てたこと自体，非常に興味深いが，この点についてここでは取り上げない。

　この各分野に対して，次の4つの観点（Substrand）が設定されている。
　① 語法の使用（Use of Text）
　② 文脈の理解（Contextual Understanding）
　③ 慣習的用法（Conventions）
　④ プロセスと戦略の選択（Processes and Strategies）

2 「話すことと聞くこと」の発達過程と評価基準

　まず，「話すことと聞くこと」の分野での4観点の内容と，この分野全体での発達の見通しを示し，次に，観点ごとの評価基準を説明していく。

(1) 「話すことと聞くこと」における4つの観点の意味
　① 語法の使用
　会話の中で聞き取って意味を理解したり，意味を伝えようとしたりする場合に，より洗練されたやり方を用いることができるかどうか，複雑で多様な方法を用いたり，自由に活用できたりするかを評価する。この観点は，他の3観点

を判断する場合にも，出発点となる。

　②　文脈の理解

　文脈によって言葉遣いが異なることを，批判的に認識し，言葉によって自分自身のものの見方や世界の見方が変わることを認識する。

　③　慣習的用法

　オーラル・コミュニケーションにおける慣習的用法を理解したり，批判的に認識し，使ったり解釈したりすることができる。

　④　プロセス（処理方法）と戦略の選択

　オーラル・コミュニケーションに関して自分の理解したことをもとに，様々なプロセスや戦略を選択できる。

(2) **全体的な発達過程**

　これに関しては，次のように説明されている（文献(1)p.22）。

　　「初期の段階では，慣れ親しんだ状況で，よく知っている者を相手に聞いたり，話したりできる。自分が経験したことを他の生徒に話すことや，毎日の出来事に関して適切な言葉を用いることができる。この能力が発達すると，話す文脈が広がっていく。自分の考えを伝えるために話をすることや，聞くことを通じて，日常的な簡単な概念に関しての情報を手にすることができるようになる。さらに，会話の相手や目的，文脈の影響に関する理解が広がっていくにつれて，様々な会話のやり方を考えるようになる。より発達した段階では，公式，非公式を問わず責任感をもち，批判精神をもって会話をすることを通して，自信をもって，話の内容を十分考えながら会話ができるようになる。会話のもつ力を十分にわきまえ，聴衆にねらった影響を与えるために適切な戦略を用いることができるようになる。」

　要約すれば，発達段階は，生徒が対応できる会話の状況が広がることや，話し方の変化によって生じる様々な効果を計算に入れた上で，適切な方法を選択できるようになることで区別されるのである。

　前節同様に，このような全体的な発達段階を見通した上で，個別の観点での発達段階のレベル区分と，その事例を次に示す。

3 「話すことと聞くこと」の評価基準とその事例

「話すことと聞くこと」の分野の場合は，4つの観点が他の教科の分野以上に密接に関係するため，1つのレベル段階で4つの観点全部を説明することとする。この方法では，8つのレベル全部を紹介すると膨大な量となるため，ここでは4つのレベル（レベル1～4）だけに限定して紹介する。以下，評価基準とその意味については，文献(2)を筆者が適宜要約したものである。

(1) レベル1
   ① 語法の使用
◆日常的な会話ができる。自分が経験したことを話すことや，日常的な話題について，自分の考えを話すことができる。
◆日常的な場面での簡単な質問や指示に答えることができる。
【評価基準の意味】
   例えば，適切な挨拶ができること，紹介ができること，友達に冗談を言うこと，先生が言った詩の一節を繰り返して言うことなどができる。また，ゲームの中などで，一段階だけの簡単な指示に従ったり，友達に指示を出そうとしたりする。テレビの番組や，休日に何をしたかを述べることができる。
   ② 文脈の理解
◆話し言葉の使用や解釈について，学校で求められることを認識している。
【評価基準の意味】
   例えば，クラスの中で話をする場合，その目的や役割，ルールを理解している。手を挙げてから発言したり，順番を守ったり，質問に答えたりすることである。また，家庭での挨拶と学校での挨拶の違いを理解し，状況によってどのような挨拶が適切か考えることができる。
   ③ 慣習的用法
◆英語の言語的構造や特徴に依拠して，簡単な文を使うことや，接続語を使うことができる。
【評価基準の意味】

例えば，考えていることを矛盾することなく話すことや，「そして」「それから」「なぜならば」などの接続語を使うことができる。簡単な話や命令，質問を解釈することができる。

④　プロセスと戦略の選択

◆日常的な会話の場面で，自分の知っている限定された範囲の方法を用いて適切な会話ができる。

【評価基準の意味】

例えば，わからない場合には身振りで示したり，表情で表したり，質問をしたりする。人の話に注意を払っていることを，アイコンタクトで示したり，表情で示したりする。先生に話す場合と友達に話す場合には，異なった話し方ができる。ニュースを言ったり，出来事を話したりするために，事前の準備ができ始める。音の繰り返しや押韻を用いることができる。議論の中で，時々発言することができる。

(2)　レベル2

①　語法の使用

◆よく親しんでいる手続きを説明したり，出来事を論理的な流れに沿って言い表したり，日常的な話題で会話を続けることができる。

◆短く，明確に表現された話の中から，主要な話題を見つけることができる。

【評価基準の意味】

例えば，必要となるいくつかの段階を考えて，自分のよく知っている事柄について，そのやり方を教えたり，注意深く聞いたり，目的をもって話をしたりする。先生から聞いた話を友達に伝えたり，聞いたお話の中の場面について話したりできる。また，クラスの集まりや，全体会の中で，一定の話題に関して話すことができる。

②　文脈の理解

◆異なった状況に応じて，話し方がどう変わるかを考えることができる。交代で話したり，質問したりする場合や，話の途中で意見を言ったりする場合の慣例に気がつく。文脈の違いによって，音調を変えたり，話す速さを変えた

3 「国語」(English)における評価基準(1):「話すことと聞くこと」

りすることができる。

【評価基準の意味】

　例えば，聴衆の違いや話題が異なると話し方がどう変わるかについて議論できる。日常接する人の場合でも，買い物をするときに店員とする話と，両親に何か頼むとき，友達とおしゃべりする場合ではどう異なるか比較できる。

　③　慣習的用法

◆考えていることや情報を解釈したり表現したりする場合，より複雑な文法的な接続語や言語的な特徴を理解したり，試みたりすることができる。

【評価基準の意味】

　例えば，いくつかの日常使われる慣用句を使うことができる。説明したり，表現する場合，より効果を高めるために，直喩を使うことができる。

　④　プロセスと戦略の選択

◆公式，非公式な会話の中で，戦略を利用しようとしたり，その使用に気がつくようになる。

【評価基準の意味】

　例えば，話に注意を向け質問をするようになる。また話していることを明確にするため，「私が言いたいのは…」というふうに言い直しを使うようになる。グループ討論やクラス討論で，他の者の話に耳を傾け，肯定的に意見を述べるようになる。クラスの活動での約束事や，手続きを守るようになる。さらに，話す内容を考えたり，どのくらいの話をするかを考えたりする。

【生徒の事例】（クラス討議を記録したもの）[3]

教師：集会の準備をするのに，何を決めておけばよいでしょうか。

生徒：集会で誰が読むか決めなければいけないと思います。

教師：誰が読むか決める前に，何を決めておくべきでしょうか。

生徒：集会で読む文章を書いておかなければ…。

教師：ほかに何かすべきことはありませんか。

生徒：最初に何を言い，次に何を話すか，3番目にはというふうに，大きなきまりを作っておくべきです。

　この事例は，教師の質問を手がかりに，集会で発表の内容を計画しているた

め，④の「プロセスと戦略の選択」のレベル2に相当する。またクラスでの討論を発展させることとなっており，会話の継続（この場合は討論の形で）を促しており，①の「語法の使用」のレベル2にも相当する。

(3) レベル3
① 語法の使用
◆生徒は自分の意見を言ったり，認知したことを話し合ったり，問題を解決する話し合いに参加したりする。簡単な報告や，要約を述べることができる。
◆情報を提供したり，表現に富む話の中から，特定の情報を手に入れることができる。グループ討論の中で，2人に分かれて話し合いができる。日常的な話題に関係した，視聴覚資料の中から，重要な情報を発見できる。
【評価基準の意味】
例えば，映画の一定のシーンについて意見を言ったり，グループでの話し合いの内容を報告したり，簡単なインタビューができる。

② 文脈の理解
◆特定の話し言葉の言い回しは，一定の文脈や目的と関係していることを認識する。
【評価基準の意味】
例えば，ストーリーテリングの設定部分や，インタビューの始まりの部分は，聞き手に話の内容を紹介する機能をもっていることに気がつく。テレビショーでの対面の議論と電話での会話を，明瞭性の観点で比較することができる。

③ 慣習的用法
◆自分の考えを述べたり，特定の情報を伝えたり，解釈したりする場合，話し言葉の言語的な構造や特徴を適切に使うことができる。
【評価基準の意味】
例えば，グループ討議やブレイン・ストーミング，報告，指導などをする場合の構成上の特徴を認識し，これらの特徴を用いて話を計画できる。話し言葉での比喩を理解したり，使おうとしたりする（例えば，車はガソリンをがぶ飲みするモンスターだ）。間をおいたり，考えや情報を表現したり，解釈したり

3 「国語」(English)における評価基準(1):「話すことと聞くこと」

する場合に，話し言葉の言語構造や特徴を適切に用いることができる。繰り返したりして，強調する点を浮かび上がらせることができる。

④ プロセスと戦略の選択

◆日常的な状況で，知っていることについての会話を促進したり，維持したりするために，様々な戦略を用いることができる。

【評価基準の意味】

例えば，自分の話を明確化したり正確にするために手直しができる。短い話をする前に，主な内容を列挙したり，終わりの言葉を修正したりできる。教師や友達と考えていることや問題についての話し合いを提案する。話の内容を注意深く聞き，説明を求めたりより詳しく内容を話すように質問したりする。

【生徒の事例】(ニュースについての発表)[3]

おはようございます。今日は2つのニュースを話したいと思います。最初はマイアミを襲ったハリケーンのことです。ハリケーン"アンドリュー"は，商店や民家を襲い，14人が死亡しました。救急車やパトカーが急いで駆けつけています。民家の屋根は吹き飛ばされ，車は商店や民家に吹き飛ばされてぶつかりました。電気は1週間止まったままです。避難場所が必要となっています。ハリケーンが来る前に，避難した人もいます。いまやマイアミは，被災地域です。ハリケーンは移動していくでしょう。今のところどこへ動いていくかわかりません。それとも誰かわかるでしょうか。(以下省略)

この生徒の話の最初の部分は，話の内容に適合した導入部分を使っており，これは②「文脈の理解」のレベル3に相当する。また，ハリケーンがマイアミを襲い，死者が出たと紹介した部分は，ニュースに必要な簡潔な言い回しを使っている点で③「慣習的用法」のレベル3にあたる。話の全体はテレビからの情報であり，特定の情報を手に入れて，話をすることができた点で，①「語法の使用」のレベル3に相当する。

(4) レベル4

① 語法の使用

◆生徒はクラスの中で，身近なことに関する自分の考えを深めたり，述べたり

第3章 評価基準の体系化：西オーストラリア州の事例から

できる。自分の意見を補強するような理由を付け加えることができる。
◆綿密に構成された話や，表現力に富んだ話などから，主要なテーマを発見したり，テーマを裏付ける部分を特定したりできる。また身近な話題について，異なった見方を発見できる。

【評価基準の意味】

このレベルでは，単に意見を言うのではなく，それを補強するような材料を提供したり，話された内容の主な論点や意見に対してコメントを述べたりする。

② 文脈の理解

◆身近な場面で話したり聞いたりする中で，相手に応じた表現法の適切さを判断したり，非言語的な表現の用い方の適切さを判断できる。

【評価基準の意味】

相手に応じた話し方（砕けた表現を使ってもよい場合）を選択したり，特定の身振りを用いてもよい場面やふさわしくない場面を判断して話すことができる。

③ 慣習的用法

◆身近な場面で一定の内容を表現したり解釈したり，考えていることや情報を深めたり伝えたりするために用いることのできる大部分の表現方法を用いることができる。

【評価基準の意味】

例えば，クラスの中で報告するときや，やり方を説明する場合などの目的に応じて，順序を考えたり，適切な言葉を選んだりして，意図したことが伝わるように色々な方法を工夫できる。

④ プロセスと戦略の選択

◆目的に応じて用いることのできる一定の範囲の方法を用いたり，話し方や聞き方を慎重に選択できたりする。

【評価基準の意味】

例えば，話し手の論点を確認するために「あなたの言おうとしていることは〜ですか」とか「〜ということですか」など質問したりする。また，聞き手の反応に応じて，例を挙げて説明したり，繰り返したり，要約してのべたり，質問に答えたりする。

4 「国語」(English) における評価基準(2)：「読むこと」「書くこと」

1 「読むこと」と「書くこと」の観点と全体的な発達過程

(1) 「読むこと」と「書くこと」における4つの観点の意味

　前節で取り上げた「話すことと聞くこと」と同様に、「読むこと」と「書くこと」の分野（Strand）にも、①語法の使用、②文脈の理解、③慣習的用法、④プロセスと戦略の選択の4つの観点（Substrand）がある。

　4つの観点の意味については、前節第2項の(1)の説明で「会話」ないし「オーラル・コミュニケーション」となっているところを、それぞれ「読むこと」「書くこと」に置き換えていただきたい。

(2) 「読むこと」の観点の全体的な発達過程（文献(1)p.23）

　初期の段階では、まず文字が意味を伝えるものであることを理解する。そして簡単な文章を選んで読むことを学習する。これらの読むことを通して、これらの文章に示された重要な考えを見つけることができる。また、文章は実在することを伝えるだけでなく、想像上のことを伝える働きをすることを理解する。

　次の段階では、ある程度複雑な話題に関する文章を読んで、そこに示された考え方や情報、出来事を比較することができるようになる。また自分がどのような理解をしているかを意識し、文章や読む目的、誰に説明するために読んでいるかによって、読み方の戦略を変えることができる。さらに、論理的な解釈をするために、文章を比較したり、情報を総合したりすることができる。

　さらに発達すると、多くの種類の複雑な文章を批判的に読むことができるようになる。文章を、その社会的、文化的な価値、態度の観点から評価しながら読んだり、自分の読み方の適切性を考えたりすることができる。また自分の読み方、解釈の正しさを示す根拠を示すことができる。

第3章　評価基準の体系化：西オーストラリア州の事例から

　以上のような発達のプロセスをまとめれば，文章を読んで簡単な意味を理解する段階から，文章に示された意味や内容を批判的に検討し，その文章の書かれた動機や背景などを推測し，自分の読みが適切かを評価するメタ認知的な能力をもつようになる，ということである。

(3)　「書くこと」の観点の全体的な発達過程　（文献(1)p.23）

　初期の段階では，書くことによって言わんとすることを伝えることができることに気がつく。自分の経験や情報，感情を伝えたり，他人に文章を読んでもらったりするためには，一定のきまりに従って書かなければならないことに気がつく。

　次の段階では，特定の読み手や，書く目的，文脈に対応した適切な文章の種類を使い分けることができるようになる。また文章に関するきまりの大部分を使いこなすことができ，文章を書く場合の計画や推敲に関連する様々な戦略を用いることができるようになる。

　より上位の段階では，複雑で長い文章を書くことができるようになる。様々な目的に対応し，いろいろな相手に応じたスタイルと書き方を考えて書くことができる。自分の書いた文章や，他人の書いた文章について，特定の目的を達成するために用いられた文章の戦略や処理過程を批判的に見直すことができる。

　これらの全体的な発達過程をまとめれば，初期の段階では，意味を伝えるためのきまりを理解して文章を書くことから，特定の相手や目的に従って書き方を変えることができるようになり，さらに文章の書き方の適切さを評価できるようになることである。

　なお，紙幅の制約上，「書くこと」については，観点ごとの評価基準をレベルごとに示すのは省略する。

2　「読むこと」の評価基準とその評価事例

　8つのレベルのうち，ここでは5つのレベル（レベル1～5）について紹介する。内容は，文献(2)を筆者が適宜要約したものである。また，「評価事例」は文献(3)からの引用である。

4 「国語」(English)における評価基準(2):「読むこと」「書くこと」

(1) レベル1

① 語法の使用

◆読むための所作をし,見慣れた記号を理解する。

【評価基準の意味】

　本を手に持ってページをめくったり,本を読んで話をしているような動作をする。自分の名前を読めるようになり,本を読むことで書き手の世界を理解できることを認識する。

② 文脈の理解

◆自分の知識・経験・考えと,声を出して読んだ文章の中の出来事や情報を関連づけることができる。

【評価基準の意味】

　文章の中の情報と自分のもつ個人的な経験や知識を比較することができる。例えば,「これは僕の……と同じだ」とか「僕がそこへ行ったときには,……だったが」など。また,本の中の文章と関連する絵を指摘することができる。

③ 慣習的用法

◆文章から意味を理解するためには,記号の使用法やきまりを知らなければならないことに気がつくようになる。

【評価基準の意味】

　単語の始まりと終わりを理解し,単語の間を開けることの重要性を理解する。また音と文字の関係を理解する。ピリオドやクエスチョンマークなどの文法上の記号の意味を理解する。

④ プロセスと戦略の選択

◆文章の内容を予想したり理解したりするために,手がかりとなるものを認識したり,利用したりすることができる。

【評価基準の意味】

　題名を読んだり,絵を見たりして文章の内容を予想することができる。例えばコアラの絵を見て「コアラの話だ」というふうに。質問された単語を推測するために,絵を見て考えたり,文章のパターンを利用したり,始めの文字や音を利用したりすることができる。また,自分が読んでいる単語を指差すことが

(2) レベル2
　① 語法の使用
◆使い慣れた語彙を用いた文章から，その内容を理解したり，書かれている内容を述べたりすることができる。文章の内容は通常予想できる範囲のものであり，たくさんの絵がつけられている。
【評価基準の意味】
　初歩的な読者のための文章を読んで解答することができる。例えば，物語を読んだり，情報を示した文を読んだり，歌詞や友達の文章を読んで，自分の解釈を言うことができる。
　② 文脈の理解
◆文章は作者によって書かれたものであり，実際の経験や空想上の経験を描いていることを理解する。
【評価基準の意味】
　いろいろな人々が文章中で描かれている様子を述べることができる。例えば，男と女，若者と老人のしていることの違いを述べることができる。科学の本と物語の本の目的の違いを理解し，図書館で置かれている場所が違うことを認識する。
　また文章は別の書き方もできることを理解する。例えば，物語の結末を変えることも可能であることを理解する。自分の経験と比較して，文章に描かれた出来事や行動，結末がどの程度ありえるかを考えることができる。
【生徒の事例】（観点①と②の両方を含む事例）[3]
〈生徒は教室にある物語の本を読んで，空想的な部分と現実的な部分を指摘するように求められた〉
ジャニー・ベイカーの本「森と海が出会うところ」
　これは子どもと動物，森のために書かれた本だ。ジャニー・ベイカーはこの中に旅行と妖精を入れている。動物は鳥，魚，トカゲとクモだ。船の中には2人の子どもがいる。

4 「国語」(English)における評価基準(2):「読むこと」「書くこと」

　この文章は，書かれていることを理解していることを示している（観点①）。また，これが作者によって作られたものであり，また子ども向けの本であることを理解している（観点②）。

　③　慣習的用法

◆基本的な言語の用法や文章の特徴を認識し，解釈できる。

【評価基準の意味】

　一定の情報を伝達するための文章が，構成上もつ特徴の目的を説明できる。例えば，見出し，図，索引など。「なぜなら」「しかし」で結ばれる文章の関係を理解する。指示語が何を示すか，主語と動詞の関係から意味を理解する。

　④　プロセスと戦略の選択

◆内容を理解したり，内容の理解を継続させたりするための基本的な戦略を用いることができる。

【評価基準の意味】

　文章の内容を理解するために絵を参考にしたり，絵と文章の関連をつけたりできる。わからない言葉の意味を，絵を参考にしたり，題材に関する知識を用いたりして推定しようとする。意味を継続して理解するために，言い換えたり省略したりして読むことができる。意味がわからなくなったときは，繰り返して読んだり，ゆっくり読んだりしてみることができる。

(3)　レベル3

　①　語法の使用

◆身近なことを扱った文章ではあるが，一部知らない単語や言語的な構造や特徴をもつ文章を読み，そこに示された考え方や，情報，出来事を理解し，それらの相互関係を論じることができる。

【評価基準の意味】

　主要な考え，情報を伝える文章の根拠となる部分，重要な出来事，主な特徴や物語の設定場面などに注意を払いながら，読んだ文章の内容を述べたり，解釈したりすることができる。文章中に暗黙に示されている考え方のいくつかを推測することができる。例えば，物語の中での主人公の行動から，その動機を

第3章　評価基準の体系化：西オーストラリア州の事例から

推定すること。料理のレシピ，地図，ゲームの説明書などの短い文章を読んで，そこに示された指示が理解できる。いくつかの文章を読んで，共通の部分を見つけることができる。

　②　文脈の理解
◆文章の中の簡単な象徴的意味やステレオタイプを発見したり，それらの目的や意味を論じたりすることができる。
【評価基準の意味】
　文章中の象徴の使用は，共通の文化的な理解に支えられていることを認識する。文章中のステレオタイプ的な用法や人物の表現を発見できる。例えば，頭のよい人々はメガネをかけていたり，母親は家事仕事をしていたり，父親は赤ん坊の面倒を見ないなど。
　異なった社会文化的な背景をもつ人々がどのように描かれているか，マイノリティの人々がどのように描かれているかを述べたり，それらの表現が正確かどうかを述べることができる。

　③　慣習的用法
◆様々な文章が意味を伝えるために用いる特有の構造や特徴を発見し，使うことができる。
【評価基準の意味】
　文章の種類ごとに特有の特徴を指摘できる。例えば，物語，詩，手紙，伝記などの特徴を指摘できる。ステレオタイプ的な様々な慣習的な表現を使うことができる。例えば，父親や母親の役割についてのステレオタイプ的な物語を書くことができる。
　パラグラフや章，見出し，小見出しなどの文章構成上の役割を理解し説明できる。

　④　プロセスと戦略の選択
◆文章を解釈するために様々な戦略を総合して用いることができ，文章を解釈するために用いる情報源を見つけるためのいくつかの戦略を使ったり，文章から情報を発見できたりする。
【評価基準の意味】

意味のわからない単語の意味を推測するために様々な戦略を用いることができる。例えば文脈を考えたり，同じような文字を組み合わせた単語を考えたり，文法の知識を用いたりする。異なった文脈や目的に応じて，読み方を変えることができる。例えば，求める話題を見つけるために詳しく調べたり，図を見る場合には，記号や略号の説明を見たりする。また話題に関連する情報を得るためにデータベースを使ったり，CD-ROMを使ったりできる。

(4) レベル4
　① 語法の理解
◆初めて接する概念や話題を扱った文章の考えや情報，出来事などを理解し，論じることができる。
【評価基準の意味】
　初めて接する話題に関した文章を理解するために，話題の幅広さを考慮して，百科事典やレファレンス用の本を用いることができる。

　話の中のユーモアを発見し論じることにより，ユーモアがどのように作られるかを理解していることを示す。雑誌や地域の新聞で，地域の問題や出来事がどのように扱われているかを論じることができる。文章でとられている立場とは異なる見方をした場合，どのように話が変わってくるかを考えることができる。

　② 文脈の理解
◆文章は特定の目的や特定のグループに訴えかけるように作られていることを認識する。
【評価基準の意味】
　クラスの中で最も読まれている本を調べ，なぜそれが人気を博しているのかを，話の筋道，使われている言葉などから説明する。また，雑誌や新聞がどのような読者を対象として作られているかを発見することができる。物語や小説から人々がどのような楽しみを得ているのか，それが作者にどう利用されているかを論じることができる。多くの文章や様々な種類の文章は，読者の必要性や期待に沿う形で作られていることを理解する。

③　慣習的用法
◆言語的な構造や特長によって，読者の文章の理解が形成されることを見いだし，論じることができる。

【評価基準の意味】
　教師の助けを受けて，比喩的表現，専門用語，技術的な用語の言語形式を認識し，論じることができる。異なった種類の文章のもつ構成上の特徴が，どのような目的のために採用されているかを認識し論じることができる。

　雑誌や新聞の構成上の慣例が，特定の読者を念頭において作られていることを論じることができる。また，事実と意見を読者が区別できるように，どのように文章が工夫されているかを指摘できる。例えば「私は……と考える」とか「……というように伝えられている」などと表現されていることを指摘できる。

【生徒の事例】（観点①，②，③に関する事例）[3]
〈生徒はコーリン・シールの「貝殻」を読んで引き起こされる感情と，そのような感情を引き起こす文章を発見してリストにした〉

感情	作者の言葉
好奇心	緑の海は浅瀬に打ち寄せ，消石灰に吸い込まれるように泡立った。
幸福	しかしそれは日にあたって明るく光った。
恐ろしさ	雷とともに投げ出された。
怠惰	彼はだるそうに大の字になって寝そべった。
喜び	彼は思い出して微笑んだ。
不幸	ヴァンダル人が銃を持って来るまでは
静けさ	スローモーションのようにしぶきが立ち上った。
恐ろしさ	水の上でバンバン音をたてる。

　この事例は，文章を読んで引き起こされた感情とそれが引き起こされる部分を指摘している点で，観点①の基準に該当する。またこの生徒は，グループでの討議の中で，同じ文章が他の生徒には別の感情を引き起こすことに気がついた。これは観点②の基準に該当する。さらに，言葉の選択，文の構成方法を工

4 「国語」(English)における評価基準(2):「読むこと」「書くこと」

夫することで作者が一定の効果をあげようとしていることにも気がついているので(例えば,「緑の海は浅瀬に打ち寄せ,消石灰に吸い込まれるように泡立った」の部分を指摘している),観点③の基準にも該当する。

④ プロセスと戦略の選択

◆異なった文章や読む目的に適合した戦略を選択し,使用することができる。必要な情報を特定し,目的に応じた情報源を発見できる。

【評価基準の意味】

読む場合に,自動的にモニターしたり修正したりする一定の戦略を用いることができる。例えば,再読したり,ゆっくり読んだり,黙読したりする。読みの目的に沿った重要な情報を選択することができる。例えば,文章の特定の解釈を支持する部分を見つけるために,小説を調べることができる。

(5) レベル5

① 語法の使用

◆複雑な言語構造や特徴をもつ文章に示された,難しい思考や争点に関する自分の解釈を考え出して議論したり,正当化したりすることができる。

【評価基準の意味】

雑誌や地域の新聞,全国新聞などのマスメディアで報道される話題について論じることができ,これらを自分の経験と批判的に関連づけることができる。例えば,男のスポーツと女のスポーツの報道のされ方を比較したり,自分の学校の特定のスポーツの威信や人気と関連づけて論じたりする。

歴史的な文書が特定の情報を伝えようとする方法を調べることができる。例えば,プロパガンダ。文章の中の情報を比較したり対照したりする場合,体系的に調べることができる。

② 文脈の理解

◆文章が異なった解釈をされる理由を説明できる。

【評価基準の意味】

文章の複雑さや読者の文化的な背景によって,いくつかの文章の解釈は他の文章よりも容易にその解釈が合意を得ることを認識する。文章を詳細に分析し

たり，自分の経験や知識を用いたりして，文章に関する自分の解釈を正当化することができる。また文章のいくつかの側面を変えることにより，その文章についての人々の解釈がどう変わるか考えることができる。

　③　慣習的用法

◆言語の構造や特徴に関する知識に依拠して，文章がどのように構成されるかを説明することができる。

【評価基準の意味】

　時間的な順序を調べたり，小説のプロットを調べたりすることで，文章の構成を調べることができる。文章で暗黙に示されている考えや情報を語彙や文章の構成などの特徴を使って推測することができる。同じような意味を伝える単語の含意を比較したり，正確な意味や微妙な意味を伝えるために作者が用いる単語の用法について論じたりすることができる。文章の構造に関する知識を使って，テーマを発見できる。例えば，寓話は道徳に関することに言及して終わること，詩は通常では関連しない事項を別の方法で関連させて読者に日常生活を別の角度から考えさせること。

　④　プロセスと戦略の選択

◆様々な種類の文章から意味を見いだすために，文章に関する知識を用い，情報を体系的に見つけて再構成することができる。

【評価基準の意味】

　物語の中で，時間的な順序を操作することで，どのようなことをしようとしているか，どのような効果をねらっているのかを調べることができる。物語の状況設定，特徴，争いと解決などに注目して，どのように物語が構成されているかを調べることができる。また，章の構成，導入と結論などの文章の構造をもとに，情報を見つける場所を特定することができる。さらに体系的にメモをとりながら読むことができる。

【生徒の事例】（レベル5のすべての観点）[3]

〈叙情歌を聞いて歌の分析をした〉

　バラード・キャットはサンディーとハリー・チャピンによって書かれた。チャピンは象徴的な手法，子守唄，リズムをもった言葉使い，会話と言葉の繰

り返しを使って，アイディアを表現している。チャピンの意図は，子どもが大人になったときにどう行動するかについて，親が子どもに自分たちの考えを伝えようとするとき，どうするかを示そうとしたものである。現代でも，親は子どもに対して大きな影響力をもっている。

……詩の主要なテーマは，子どもに対してあなたが何をするか，どのような態度で臨むかが，子どもが大人になったときどのような行動をとるかに大きく影響するということを言わんとしている。（以下省略）

■参考・引用文献（3節および4節）

(1) Education Department of Western Australia (1998) *Outcome and Standard Framework : Overview*. Perth.
(2) Education Department of Western Australia (1998) *Outcome and Standard Framework : English*. Perth.
(3) Educational Department of Western Australia (1998) *Outcome and Standard Framework : English Work Samples*. Perth.

5 「算数・数学」における評価基準：数学的な戦略

1 「数学」における分野と観点

　数学では分野（Strand）として，「数学的な思考」「空間」「確率とデータ」「数」「測定」「代数」の6つがある。
　このうち「数学的な思考（Working Mathematically）」の分野は，他の5分野で学習する内容をもとに発達させるべき能力と位置付けられており，これら5分野を統合する分野であるとされている。わが国の観点で「数学的な考え方」とほぼ同様の内容を評価しようとしている。
　この分野はさらに，観点（Substrand）として次の4つが設定されている。
　① 　数学と日常生活の関連（Contextualize Mathematics）
　② 　数学的な戦略（Mathematical Strategies）
　③ 　数学的な推論（Reason Mathematically）
　④ 　応用と確認（Apply and Verify）
　ここでは4つの観点のうち，わが国の観点「数学的な考え方」と共通するところが多い「数学的な戦略」に絞って，その発達段階をもとにした評価基準を紹介していく。
　この評価基準の示し方は，スタンダード準拠評価の方法に従ったものであることはこれまでと同様である。評価基準はこれを全体として適用するものである。特に【評価基準の意味】の部分を，すべて満足させなければならないというわけではない。この多くの部分に該当すると思われたら，そのレベルであると判断することになっている。つまりベスト・フィット方式を用いている。

2 「数学的な戦略」の評価基準とその事例

　この観点は，生徒が日常生活などで起こる様々な出来事を，数学的な問題と

して捉え直したり，このような問題を数学的な方法を用いてどのように解決できたりするかを評価しようとするものである。ここでは，この観点の評価基準だけでなく，同じレベルの他の分野での学習の達成目標の内容を紹介する。なお，評価基準は文献(1)からの引用であり，「評価基準の意味」は文献(1)の記述を筆者が適宜要約した。これによって，「数学的な戦略」の観点で評価する能力が，数学全体の学習内容と関連をもって育成されることを示したい。

(1) レベル1
◆生徒は教師の指導のもとに，分類したり，対応させたり，順番に並べたりすることによって，解答することのできる質問を述べることができる。また数学的な問題を，実演したり，物体や絵で表現したりすることができる。

【他の分野で求められるレベル1の達成内容】

「空間」の分野では，位置を表す言葉（〜の下，〜の上），運動を表す言葉（前進，後退，曲がる）を学習する。また代表的な形（三角形，円）を大まかに描いたり，物の用途と形の関係（例：車輪は円）を認識したりしはじめる。平ら，曲がっている，まっすぐなどの言葉の意味を理解する。

「測定」の分野では，より高い，より短い，重い，軽い，より多く入っているなどの言葉を，比較する場合に用いることができる。また時間の前後を表す言葉を用い，日常生活の出来事を時間の前後に従って話すことができる。ニンジン等を長い順に並べることができる。

「数」の分野では，物の数を数えるために数字を用いることができ，順番を表現するために数を用いることができる。小さな数ならば，お話の中に出てくる猫5匹と犬2匹を合わせて，動物が7匹いると暗算できる。2，4，6は前の数字に2ずつ足していけばよいことを，ブロックを使って示すことができる。

【評価基準の意味】

このような学習を通じて，例えば次のようなことができれば，このレベルに該当することになる。

① 教師の質問の仕方をまねて，「誰が一番身長があるか」「どれが一番高いか」「どんな形か」などの質問をする。

第3章　評価基準の体系化：西オーストラリア州の事例から

② 次のような形で数学的な問題に答えることができる。「赤いものと，青いものを並べてみれば，青いものが多いかどうかわかるよ。」
③ 家庭や店の場面，想像上の世界で演じることで，並べたり，数えたり，動かしたりすることにより解答することができる問題を出したり，解答することができる。例えば「列の2番目にあたる人物の後ろには2人の人がいます。列には何人の人が並んでいるでしょうか」といった問題である。
④ 少数のものが登場する物語を，表現するために絵を描くことができる。例えば，メンドリとヒヨコの絵を描いて，何匹のヒヨコが逃げてしまったかを見つけようとする。

(2) レベル2
◆似たような質問に触発されて，数学的な問題を述べることができ，問題を物や絵，記号を用いたり，頭でイメージとして描いたりして表現できる。
【他の分野で求められるレベル2の達成内容】
「空間」の分野では，立方体，直方体，円を区別できるようになる。
「測定」の分野では，物を比較する場合，長さ，面積，容積，量を用いて比較できるようになる。
「数」の分野では，100以上まで助けを借りずに言えること。次のような方法で1桁や2桁のたし算ができる。16＋9を計算するのに，16から1ずつ指を折りながら，16，17，18…と数えていく。13－7を計算するのに，6＋7は13だから，13－7の答えは6であるとする。倍数を用いて比較ができる。例えば，3，6，9のように3つずつ数えることができる。かけ算やわり算の意味を理解しはじめる。
【評価基準の意味】
① 物の集合や写真に関した教師の質問をまねて，「どのビスケットが一番たくさんあるか」「ビスケットはいくつあるか」などの質問を考えることができる。
② ある質問を少し変化させて，新しい質問を考えることができる。例えば，「ジャックとマメの木」での「巨人の背の高さは」をヒントに，「金の卵の重

さは」という質問を考える。
③　6×7に当てはまるような質問を考えることができる。
④　問題を物によって表現し，この物を使って問題を解くことができる。例えば「バスケットボールのチームを作ろうと思います。5人のチームを4つ作るには，何人の人が必要ですか」という課題を，人形やおはじきを用いて，各チームの人間を表現する。
⑤　問題をスケッチや表を使って表現する。例えば，バスケットボールのチームを絵で表現する。
⑥　問題を適切な数式で表現できる。例えば，バスケットボールに必要な人数の計算を5×4というふうに表現する。
⑦　問題を表現する方法の中から，どれが適切かを考えることができる。例えば前記のバスケットボールに必要な人数の問題を「実際に人を集めてやってみるのは大変だ。おはじきでやったほうが簡単にできる」と考える。

レベル2とレベル1の違いは，教師の質問をまねて質問を考える場合でも，教師の質問を少し変化させることができたり，現実の課題を物に代表させて考えたり数字に置き換えて考えたりすることができはじめることである。レベル1では，実際に演じてみたり，対象物の絵を描いたりしている点で，まだ抽象化して考えることはできない。

(3)　レベル3
◆生徒は特定の資料やよく知っている事例に触発されて，問題を述べることができる。中心となる情報をモデルや図，一覧表などで表現することにより，問題を解くことができる。

【他の分野で求められるレベル3の達成内容】
　「空間」の分野では，粘土を使ったり，方眼紙を使って三角錐や角柱を作ったりできる。また，三角錐と角柱の違いや，円柱と円錐の違いを述べることができる。
　「測定」の分野では，測定するためには，同じユニットを繰り返し用いなけ

ればならないことを理解する。また、メートルとセンチメートルを用いて長さを測定できる。

「確率とデータ」の分野では、学校にいる昆虫の数とか、学校で捨てられる紙の枚数を調べたりできる。調べるにあたっては、どのようなデータが必要かをはっきりさせる必要があることを認識している。例えば、「人気のあるペット」といった場合、最も好まれるペットなのか、最も数多く飼われているペットのことなのかをはっきりさせる。また、特定の問題に解答するために、どのようにデータを組織化するか考えることができたり、得られたデータを再加工して、新しい質問にも答えたりすることができる。表、図表、棒グラフ、絵文字を用いたグラフを解釈できたり、グラフを書くとき、1つの四角や、絵によって、5人の人間を表したりできる。

「数」の分野では、1000の位の数を言ったり書いたりできる。また、3.56メートルを、3メートル56センチメートルに直すことができる。また分数の意味を理解できるようになる。日常生活で必要な場合、たし算、ひき算、かけ算、わり算のどれを使うべきか区別できる。

【評価基準の意味】
① 生徒は「私たちは何を知ろうとしているのか」「何を発見しようとしているのか」「それを君自身の言葉で言えるかな」などの質問に答えることができる。
② 表やグラフ、計画表、広告などを用いて答えることのできるような問題を考えることができる。
③ 学習したばかりの方法を用いて解答する問題を考えることができる。例えば、8年間に何日あるかを計算する方法を使った問題など。
④ 問題を解くには、どのような情報が必要かを述べることができる。例えば、「一定の数の車や自転車に取り付けられている車輪の合計を知るためには、自転車や車1台あたりの車輪の数を知っていなければならない」。
⑤ 問題を物を使って置き換え、この物を操作することによって問題を解決できる。例えば、4つの立方体を使って、どのような組み合わせが可能かを調べて、記録することができる。

⑥ 問題を解決するために，一覧表や表を作成することができる。例えば，36個の正方形のタイルを使って作成できる長方形と，その面積を表にできる。

⑦ 配列図や樹形図を使って，体系化された計算ができる。例えば，3つの色，2つのスタイル，3つのサイズでどれだけの種類の服を作成できるかを考える。

レベル3では，何を解決しようとしているか課題の中心となる点を考えることができる。その結果として，必要な情報は何かを考えるようになる。問題解決の過程を体系化したり，一定の秩序をもって課題に取り組んだりするために表や図を使いはじめることが特徴である。

【生徒の事例】（文献(2)p.11）

〈問題〉

先生がクラスで言いました。「廊下を歩いていたら，ある教室で生徒が18と言いました。先生は正解と答えましたが，どんな問題を先生は出していたのでしょう。考えられる問題をすべて書いて見ましょう。」

〈生徒の解答〉

$0+18$	$19-1$	1×18
$1+17$	$20-2$	2×9
$2+16$	$21-3$	3×6
$3+15$	$22-4$	$4\times 4+2$
$4+14$	$23-5$	$5\times 2+8$
$5+13$	$24-6$	6×3
$6+12$	$25-7$	$7\times 2+4$
⋮	⋮	⋮

この事例は体系的に計算したり，計算例を配列したりしているので，⑥と⑦の評価基準に該当し，レベル3となる。

(4) **レベル4**

◆生徒は問題の本質的な部分を明確化する質問をすることができる。重要な情報を特定し，体系化する方法を用いた問題解決方略を用いることができる。

第3章　評価基準の体系化：西オーストラリア州の事例から

【他の分野で求められるレベル4の達成内容】
「空間」の分野では，平行移動，回転移動，対称移動を理解している。

「測定」の分野では，周囲の長さと面積を区別したり，時間と時間の長さを区別できたりすることにより，周囲の長さが長い物が必ずしも面積が大きいわけではないことを理解する。大きさによって適切な単位を用いなければならないことを理解する。すべてを測定する代わりに，物の性質を利用して，最小の測定で済ませることができる。例えば，正六角形ならば，1辺を測定して6倍することなど。

「確率とデータ」の分野では，実際のデータを用いて，起こる確率の高い物から低い物まで順番に並べることができる。これを実際の問題に応用することができる。特定の問題を解決するために，どのようにデータを整理すればよいか，さまざまな方法を工夫してやってみるようになる。問題が変われば，分類の仕方を変えてみることができる。例えば，帽子の製作にあたって，なぜ55cmという平均の頭のサイズだけでは不十分かを説明したり，頭のサイズのデータを，一定の幅をもったデータ（50～52，53～55，55～57…）として分類したり，グラフや表にする。

「数」の分野では，分数を理解し，分数のかけ算をできるようになる。また頭の中で3×32の計算を工夫できるようになる（3つの30と6を合わせる）。また，かけ算やわり算を行って得られる数列のパターンの規則を発見できる（例えば，8，4，2の数列）。

【評価基準の意味】
① 問題の本質的な部分を明らかにするために，自分自身に問いかけることができる。例えば，「何を知ろうとしているのか」「何を発見しようとしているのか」と自分自身に問いかけることができる。
② ブレイン・ストーミングの中で，実際的な課題を解決するための考慮すべき問題を考えることができる。例えば，ドーナツ食い競争をするために考えるべき問題，誰がドーナツを調達するか，値段は，どのくらいの高さに吊るすべきかなど。
③ 関連した情報と不適切な情報を排除する。

④ 情報を扱いやすくするために，ラベル付けする。例えば，車のメーカー，価格など，車の広告の情報を与えられたとき，各車に記号をつけて整理する。
⑤ 問題に関する情報を扱いやすいように，種類別に分けたり，時間別に並べたり，場所で分類したりする。
⑥ 問題を解決するために得られた情報を，一定のリストや表にまとめて体系的に示す。例えば，36個の正方形のタイルで作ることのできる長方形を，一定の配列で体系的に示すことができる。
⑦ 自分で推定して試してみた結果を記録して，同じ試みを繰り返さないようにできる。

　レベル4では，自分自身で問題の中心は何かを考えることができる。この点，レベル3では，教師の質問により考えてみる点で異なる。また，課題の解決に必要な情報を選択しはじめ，情報を整理して分類しはじめる点が特徴である。

(5) レベル5
◆生徒は数学的な質問をさらに進めることにより，課題を発展させることができる。問題を解決するにあたって，体系的な方法を用いることができる。

【他の分野で求められるレベル5の達成内容】
　「空間」の分野では，斜投影法，遠近法，等角投影法を理解し，物体をこのどれかを用いて表現できる。また，一定の形の幾何的な特徴を述べることができる。その言い方は，レベル4よりもより抽象的になる。
　「測定」の分野では，目的によって測定の正確さの求められる程度が違うこと，水滴の一滴の量を測るには，100滴の量を測定して，100で割ればよいことを理解する。
　「確率とデータ」の分野では，さまざまな調査活動を行ってデータを収集できる。このための調査票を作成したり，データを表現する方法を選択したりできる。
　レベル5から「代数」が加わり，記号で量や数字を示すことを理解する。

【評価基準の意味】
① 新しい数学的な質問を作るために，変数の1つを変更する。例えば「正方

形でなくて立方体だったらどうなるか」「正方形でなくて三角形だったらどうなるか」などと考える。
② 自分の数学的な探究活動の中で，まだ残されている問題を示唆することができる。例えば，「この方法は三角形にはうまくいったが，もし三角形が鈍角三角形の場合どうなるかがはっきりしていない」などと。
③ 体系的に，可能性のあることを列挙し，なぜそのような可能性を考えるべきか説明できる。
④ 問題の解決の目標に適合した，効果的で体系だった戦略を用いることができる。
⑤ 体系的に事例を発見し，これを表にまとめ，データからパターンを発見する。例えば，多角形について，辺の数，対角線の数などをもとにして，体系的な表を作成できる。

レベル5では，自分の解決方法の限界を自覚したり，意図的に問題の一部を変えたりしてみて，より発展的な課題を追求しようとする。つまり，一定の解決方法はある特定の条件のもとで成り立っており，条件を変えれば異なった結論が生じる場合があることを自覚している。これは数学に限らず，他の教科でも重要な発達であるとされる能力である。

【生徒の事例】（文献(2)p.14）
〈課題〉
　2人の子どもと，8人の大人が川を渡ろうとしています。ボートがありますが，このボートには，大人1人だけしか乗れません。子どもは2人乗ることができます。川を全員が渡るためには，何回往復しなければなりませんか。行き帰りの回数の合計を求めなさい。

〈生徒の解答例〉
　子ども2人，大人8人　ボート1
　1回目　子ども2人↓　行き
　2回目　↑子ども1人　戻り
　3回目　大人1人↓　行き
　4回目　↑子ども1人　戻り

5回目　子ども2人↓　行き
6回目　↑子ども1人　戻り
7回目　大人1人↓　　行き
8回目　↑子ども1人　戻り
（以下同様，途中の部分省略）
33回目　子ども2人↓　行き（終了）　合計33回

　この生徒の解答例は，全体が1回目から4回目までのパターンのくり返しで，8人運ぶにはこれを8回くり返すことに気づいており，最終目標を視野に入れて，体系的に問題に取り組んでいる。またパターンを発見している点で，④と⑤の評価基準に該当するため，レベル5と判断される。

　ここでは，「数学的な戦略」のレベル5までを紹介した。全体的な発達の区分は，数学的な課題を具体的な物に置き換えて考えることから，抽象的な記号に置き換えて考えることができること，より体系的な考え方ができること，自分の解決方法に関しての自己評価ができるようになることである。

　わが国の「数学的な考え方」の観点は，今ひとつ全体的な発達段階がはっきりしていない観点である。たしかに，国立教育政策研究所の評価基準も含めて，これまでに多くの評価基準が提案されてきた。しかし，単元や一定のまとまりごとの評価基準が，全体としてどう関連しているのか，はっきりしなかった。その点，西オーストラリアの事例は，認知的な能力の発達段階と，学習内容（習得すべき概念や原理）とを組み合わせて全体的な発達段階のレベルを示していて，参考になる。

■参考・引用文献

(1) Education Department of Western Australia (1998) *Outcome and Standard Framework : Mathematics.* Perth.

(2) Education Department of Western Australia (1998) *Outcome and Standard Framework : Mathematics Work Samples.* Perth.

第3章　評価基準の体系化：西オーストラリア州の事例から

6 「社会と環境」における評価基準

1 「社会と環境」の分野構成

　わが国の社会科に相当する西オーストラリア州の「社会と環境」についてここで取り上げる。この領域（教科）は次の6つの分野（Strand）に分かれ，一部の分野はわが国の社会科にないものを含んでいる。

- ◆探求，コミュニケーション，参加（Investigation, Communication, Participation）
- ◆場所と空間（Place and Space）
- ◆資源（Resources）
- ◆文化（Culture）
- ◆時間，連続と変化（Time, Continuity and Change）
- ◆自然と社会システム（Nature and Social Systems）

「場所と空間」の分野は地理，「時間，連続と変化」はわが国の歴史に相当する。しかし「資源」「文化」「自然と社会システム」は，わが国の地理，歴史，政治経済（公民）の分野をまったく新しい枠組みで再編成したものである。この枠組み自体興味深いのだが，本書では詳しく説明しない。

　ここでは6つの分野のうち「探求，コミュニケーション，参加」を取り上げて，発達段階の見取り図をもとにした評価基準を紹介する。

　この分野は，調査研究活動（グループワークを含む）でのスキルを独立した分野としたものである。他の分野が主として概念的な理解を求めるものであるのに対して，プロセス・スキルの育成をめざしている点で大きく異なる。しかし，プロセス・スキルは，他の5つの分野の内容を学習する過程を通じて育成するため，相互に関連性をもっている（この構造は，第2節で紹介した「科学」によく似ている。科学でも，物理・化学・生物・地学に対応する分野と，

「科学的探求」という分野に分かれている)。他の分野の内容は，「探求，コミュニケーション，参加」の評価基準の説明に関連する場合に，部分的に言及する。

この分野は，わが国での社会科の観点「社会的な思考・判断・表現」の長期的な発達段階を捉えるための評価基準の参考となるだけでなく，第2章で述べた総合的な学習での調査技能や表現能力の評価にも参考になると考えられる。

2 「社会と環境」の全体的な発達段階

まず，「社会と環境」全体でどのような発達段階を想定しているかを紹介する（文献(1)p.95）。

① 様々な要素が分離してバラバラなものとして捉えられ，関連づけられていないし，そのように解釈されることもない。(例：百円玉と千円札を見分けることができる)
② 個人的な見方で，関連づけられていないが，社会や環境の中での一定の概念やプロセスの存在を認識しはじめる。(例：コインや紙幣などを一括してお金ということを理解する)
③ 一定の概念やプロセスの存在を認識するが，それを用いて説明したり，証拠を解釈したりすることはできず，関連する言葉を当てはめたり，学習した言葉そのものを思い出すことができるだけである。学習した文脈以外には，概念やプロセスを当てはめて考えることができない。(例：お金が増えると，新しい車を買うことができることを理解する。お金が増えることが，生活全般を豊かにすると一般化して考えるわけではない。)
④ 概念やプロセスを学習した文脈以外にも一般化して用いることができはじめる。また，原因と結果を適切な証拠を用いて結合させることができはじめる。
⑤ 社会や環境の問題が，複合的な問題であることを認識し，証拠に基づいた推論を行い，概念やプロセスを一般化して用いることができるようになる。
⑥ 概念やプロセスを深く理解し，これらを一般化して用いて，結論を導いた

り，社会や環境に関する問題のどのようなところが複合的なのかを見つけることができる。
⑦　現在や将来の社会や環境に関する問題について，概念やプロセスの詳しい理解を応用して，解決策を提案できる。
（注：後の段階は，前の段階を含んでいる。）

この全体的な発達段階をみると，生徒の能力の発達を，
・個別的な概念や技能の獲得から，概念や技能を関連づけて用いることができること
・特定の学習の文脈の中でしか用いることのできない段階から，より広い範囲の状況で活用できるようになること

としているのである。わが国では，高等学校段階にいたっても，関連付けて考えたり，広い状況で活用したりするような学習指導を行っていない。その原因は，そのような能力や技能が評価されていないことにも原因がある。

3　観点とレベル別の評価基準

「探求，コミュニケーション，参加」の分野は，次の4つの観点（Substrand）から構成されている。

①　探求計画の作成（Planning Investigation）
②　探求の実施（Conducting Investigations）
③　情報の処理と解釈（Processing and Interpreting Information）
④　評価と応用（Evaluating and Applying Findings）

①〜④の観点は，第2節で紹介した「科学」の中の「科学的探求」分野の4つの観点とほぼ同様である。以下，この4つの観点について，各レベルでの発達段階の見取り図に基づく評価基準を紹介する。内容は，文献(2)より筆者が適宜要約した。

レベルごとに，4観点の評価基準をまとめて示すが，実際の評価は，観点ごとに8つのレベルで評価する。最終的には，分野全体も4観点を統合した8つのレベルによる評価をする。分野のレベル評価は，わが国での教科の「評定」

6 「社会と環境」における評価基準

に対応していると考えればよい。なお，分野をまとめた領域（例えば「社会と環境」）は評価していない。

(1) レベル1
- 観点①：直接経験したことや資料（与えられた写真や絵，お話など）をもとに，テーマに関連することを言ったり，意見を述べる。
- 観点②：活動の中で関連する情報を集めたり見つけたりすることができる。
- 観点③：情報を簡単なカテゴリに分けたり，情報を分類する方法を話したりする。
- 観点④：情報について個人的な見方を述べる。

【評価基準の意味】
① 「なぜそうなったんだろう」とか「誰がやったのだろう」などと簡単な質問をする。
② 教師に，自分の好きな場所の絵を描いたり（観点①），そこの写真を持って来るように言われたら，そのとおりできる（観点②）。また，その場所（例：海）で見られる物をできるだけ言いなさいと言われて，その例（波・砂・貝殻など）を言ったり絵を描いたりできる。
③ 対象物や情報を似ているものに分けたり，表や図の中に，特徴を示したカードや記号（物の形をした）を置いたり，記入したりすることができる。チェックシートに，観察したことなどを，○や×で記録できる。絵を描いたり，物を使って学校や周辺地域で見た物を代表させて表現したりすることができる。自分の個人的な経験を，時間に従って整理する方法を考えることができる。
④ 自分が何を学んだか，経験したかを簡単な文章にしたり，話したり，絵を描いて表現できる。しかし，それは言われたことをオウム返しで受け入れたものである。例えば，公園を美しく保つ方法を言うことができるが，なぜそうしなければいけないかと聞かれても「そうしなければいけないからだ」とか「そのほうがよく見えるから」としか答えられない。観点③と④については，次の生徒の事例も参照されたい。

第3章　評価基準の体系化：西オーストラリア州の事例から

【生徒の事例】（文献(3)p.8）
〈学習活動〉
　クラス活動で，地域にある施設や建築物を，案内図をもとに見て回った。教師の指導のもとに，これらの場所の特徴を皆で考え，なぜこれらの場所が価値あるのか考えた。
〈ある生徒の書いたもの〉
　「ユーム湖には家を建ててはいけない。それは，動物たちがすんでいるから。学校も重要だ。いろいろなことをそこでするから。教会も大切だ。なぜなら……（中略）
　バラーム公園，そこには家を建ててはいけない。皆が遊ぶから。サッカーをしたり，テニスをしたり，バスケットボールをしたりする。……」
　この生徒の文章は，クラスで見て回り，話し合ったことや，先生が言ったことを，各場所や施設ごとに整理して書いている。ここには示していないが，ユーム湖の絵と，湖の様子や特徴を示す絵を描いたカードを選択している（例えば，動物を示す絵カード，ボートを示す絵カード）。

(2)　レベル2
・観点①：教師の質問を手助けとして，身近な社会的な文脈や環境に関したことがらについて，考慮すべきいくつかの要素を見つけることができる。
・観点②：事実に関する観察をするにあたり，一定の社会科学的な手法を用い，集めたデータを部分的に記録することができる。
・観点③：関連する情報を選択し，分類し，比較することができる。
・観点④：発見したことを提示し，自分の解釈と他の者の解釈と比較する。
【評価基準の意味】
①　要となる概念を発見したり，関連する用語を見つけるためのグループでのブレインストーミングに参加したりできる。何を調べようとしているか，どのように情報を集めようとしているかについて述べることができる。テーマに関して，グループや個人に対する質問を作成することができる。また，グループ内でのきまりを話し合い，それに従うことができる。

② 話を聞いたり，見学したり，簡単なインタビューをしたり，教師の指導を受けてグループで作成した質問書を用いて，データを集めたりすることができる。レベル1では，そのような質問書や，自らインタビューの内容を考えることまではできない。

　キーワードや主題を用いて，必要な資料を発見し，調べようとするテーマに関連する写真や話，作品等を探して持ってくることができる。得られた情報を表にして示すことができる。レベル1で持ってくる写真や描く絵はテーマそのものを示す物であるが，レベル2では，テーマに関連するかどうかを推測する思考作用を必要とする写真などである。

③ 資料の中から必要な情報を選択するために，索引や見出し，図表を用いる。また，得られた情報を，時間の順序に整理したり，棒グラフや地図，写真，図表から直接引き出せるような情報を得たりできる。しかし，推測や推論を必要とするような解釈はほとんどできない。例えば，時間を追って建築様式が違ってくることを発見できるが，なぜそのような変化が起こったかについては推測することができない。

④ 発見したことを簡単な文章で示したり，言葉や図などを用いて示したりできる。自分の書いたものと他の生徒の書いたものの違いを見つけることができる。

【生徒の事例】（文献(3)p.8, p.64）

〈課題〉

生活様式が時代とともにどう変わったかについて，人々がどう考えているかを調べる。生徒は変化した可能性のある主な分野について質問を作成し，結果をグラフで示し，変わったことと，変わっていないことを要約した。

〈生徒のレポート〉

①生徒の作成した表（右表）

②生徒は，表を棒グラフで示している。

	変わらない	総数	変わった	総数
食料	正一	6	正	5
お金		0	正正正	14
電気器具		0	正正正一	16
運輸	正正正	14	正正丁	12
遊び	正	4	正正正下	18
規則	正正	10	正正	10
建物	丁	2	正一	6

（以下省略）

第3章　評価基準の体系化：西オーストラリア州の事例から

（実例省略）
③まとめ
・材料：材料は長持ちするように強くなった。
・リサイクル：人々はリサイクルを学びつつあり，汚染しないようになってきた。
・プラスチック：最近，プラスチックは強くなっている。
・医療：最近，医療は恐ろしい病気の治療もできるようになった。

　この事例は「時間，連続と変化」の分野での学習活動の一部である。この分野のレベル2では，「人々の生活スタイルは，時代が変わると変化する部分と，変化しない部分があることを理解させる」ことになっている。調査項目（食料，お金，規則など）は，子どもが考えたものである。「時間，連続と変化」の分野の知識や理解した内容と，「探求活動」の分野の技能が不可分に結びついて考えられたものである。
　レベル2の観点①の「考慮すべき要素」とは，この例からどの程度のものかを知ることができるであろう。観点②の「社会科学的な手法」についても，「はい」「いいえ」で答えられるような簡単な質問を用いた調査であることが分かる。また観点③の「情報の分類や選択，比較」についても，「変わらない」「変わった」などの簡単な分類であることが分かる。

(3)　レベル3
・観点①：あるテーマに関する探求活動にあたって，情報源を考えたり，個人的な経験をもとにして簡単な推測を行った上で調査計画を立てたりすることができる。
・観点②：情報を集めるにあたって，2つ以上の情報源を用いることができ，様々な方法を用いて得られた情報を記録する。
・観点③：要となる考え方やパターンを認識し，不適切な情報を排除し，情報を整理して示すことができる。
・観点④：個人的な観点から決定の正しさの根拠を示して説明し，探求活動の改善すべき部分を指摘できる。

6 「社会と環境」における評価基準

【評価基準の意味】
① 探求活動が効率よくできるように，調べるべき点をグループではっきりさせたり，考えられる答えを想定したり，その答えが正しいか検証する方法を考えたりする。また，ステップごとの調査計画を考えることができる。
② 課題の性質に応じて，適切な情報源（例えば，適切な人物，場所，CD-ROM，百科事典など）を示すことができる。あるデータは採用し，あるデータは不採用とする理由を述べることができる。教師の指導を受けて，情報を記録する様々な方法（ノートをとる，スケッチする，録音する，VTRを撮る，写真を撮る）を用いることができる。
③ 2つ以上の情報源からのデータを用いて，比較したり，一般化した結論を導いたりすることができる。調査したことを分析したり，インタビューを要約したり，地図を読んだり，雑誌や新聞から必要な情報を見つけたり，手紙を要約したりして，データを解釈できる。教師の指導を受けて，絵画や写真の中から，何らかの意図をもった構成やステレオタイプ的な表現を発見する。
④ 調べた結果が，最初の質問に答えているかを考える。データが一致する部分と，様々な相違がある部分を見分ける。一般化した結論を自分の言葉で表現し，改善すべき点をキーワードを用いて表現することができる。

【生徒の事例】（文献(3)p.10）
〈課題〉
　地域にあるショッピングセンターを訪問したあと，2046年の頃，ショッピングセンターはどうなるか，その概観と必要となる変化について説明するように，生徒は求められた。（生徒はあらかじめグループ討論で，2046年にどのような社会的変化が起こっているか議論している。）

〈生徒のレポート〉
・駐車場は，区画の大きさが異なっている。例えば，太陽電池車には大きく，現在のような車には小さな区画，自転車やオートバイにはもっと小さくする。
・店と商品：
　　お年寄りや障害者のことを考えて，いくつかの店をデザインした。その結果，食料品の店はすべて一階に，洋服の店は二階に配置した。

新技術を扱う店の例は，コンピュータソフトの店とハードウェアの店だ。余暇にコンピュータを使ったり，学習にも使ったりする人々がもっと増えるであろうから，これらの店はもっと増えるであろう。他には，バーチャル・リアリティの玩具を扱う店だ。将来は，自分の家でバーチャル・リアリティの器具を使えるようになると考えられるからだ。（以下省略）
（注：生徒はこのショッピングセンターの構成図も描いている。）
　この生徒の事例は，自分でショッピングセンターを見た経験から，新しいショッピングセンターに必要な要素を選択して構想を立てて，構成図を描いている点で，観点①の基準に該当する。また，どのような店を配置するかについて，その選択の理由を簡単に説明しているので，観点④の「決定の根拠」を説明している基準に該当する。

(4)　レベル4
・観点①：テーマに沿った適切な観察の方法やデータ，情報源を特定し，どうすればそこから情報を手に入れることができるかを決めることができる。
・観点②：一貫して社会科学的なデータの収集方法を応用し，様々な情報源から正確にデータを記録できる。
・観点③：様々な情報源や見方による多様な情報を見出し，それらを選択したり，結合したり，さらに似たような考え方を合わせ，一般化できる。
・観点④：結論の中の一貫性が欠如している部分を認識し，簡単な説明ができる。
【評価基準の意味】
①　探求に必要なものは何かについて，他の者と協力して特定したり，説明したりできる。例えば，比較対照すること，説明すること，特徴を述べたり統計的なデータを用いること。何を調べるかを決めたり，調査すべき疑問点や質問を決めたりするために，ブレインストーミングや似たような考えをまとめる。うまくいったかどうかを判断する基準をグループで話し合う。
②　求める情報が得られる適切な情報源はどれであるかを考えて調べることができる。また，異なった見方を提供すると推定される人物や場所を見つける

6 「社会と環境」における評価基準

ことができる。地理的な課題では，場所を表現するために，経度や緯度を用いることができる。

歴史上の特定の人物，期間，出来事について述べるために，文書，フィルム，絵画，データベース，一覧表，グラフなどから情報を選択できる。

③ 異なった見方からの情報を比較し，その正確性について限定的ではあるが，判断することができる。また情報の内容を，事実に関するものから意見であるものまで，その位置づけができる。データをまとめて，探求活動のもともとの目的に関連した結論を導くことができる。

④ 一定の一貫性をもったレポートや詳細な記録，論評を書くことができる。図表や時系列表，地図などにまとめられたデータから，一般的な結論を導くことができる。また，もっと新しいデータがあれば，修正する可能性のある部分を指摘できる。

【生徒の事例】（文献(3)p.26）
〈課題〉

生徒は，西オーストラリアの酪農を主たる産業とする6都市の気候を，データベースを使って調べ，酪農に適した気候条件を決めるように求められた。この結論を用いて，同じ気候条件を満たす別の都市をみつけ，これらの都市で酪農が行われているかを調べ，行われている都市の気候を調べた。

〈生徒のレポート〉

【6つの都市の共通点】

- 位置：西オーストラリアの南部である。
- 気温：気温はほぼ同じで，10-23℃。
- 雨量：多くの雨が降り，牛が食べる草が成長する。少なくとも800mmの年平均降水量。
- 季節：雨が降るのは主として冬。

【6つの都市の気候】

都市名	位置	最高気温平均	最低気温平均
ケープ	33°S	21℃	13℃
モンドラ	32°S	23℃	13℃
ダーリング	33°S	22℃	10℃
バンバーグ	33°S	22℃	12℃
リーウィン	34°S	20℃	14℃
マーガネット	33°S	21℃	11℃
違い	2°S	3℃	4℃

（表の後半を省略）

第3章　評価基準の体系化：西オーストラリア州の事例から

【似たような条件をもち，酪農が行われている都市】
アルバング，パース，ダニーブルックなど
【結論】
酪農は次のような気象条件をもったところで行われている。
・位置：31°S
・平均最高気温：19℃
・平均最低気温：9℃
・平均降水量：832mm
・降水日数：118日（以下略）

　この事例は，気候条件を示すデータベースから，問題に関連するデータを選び出している（観点①）。また，これを整理して比較できるように処理し，一般化した結論を導いている（観点③）。

■参考・引用文献

(1) Education Department of Western Australia (1998) *Student Outcome Statement: Overview.* Perth.
(2) Education Department of Western Australia (1998) *Student Outcome Statement: Society & Environment.* Perth.
(3) Education Department of Western Australia (1998) *Student Outcome Statement: Society & Environment Work Samples.* Perth.

7　発達段階を明示した枠組みと分析・総合の評定

　これまで，西オーストラリア州の発達段階の見取り図（developmental map）をもとにした評価基準の事例を，領域（教科）ごとに（主にその下の分野や観点を中心に）紹介してきた。最後に，全体を通した特徴についてまとめておきたい。

1　評価基準の作成過程：時間をかけた実証的な研究

　ここで紹介してきた評価基準の全体的な体系は，「生徒の学習結果の記述」（Student Outcome Statements）と呼ばれている。8つの領域（教科）でこの評価基準が設定され，6歳〜18歳の児童生徒に対してこの評価基準が適用される。つまり12年間の教育での発達段階を8つのレベルで評価しようとするものである。

　この評価基準の体系が実施に移されたのは1998年からである。もともと西オーストラリア州では，この評価基準自体の作成にあたって，1993年に国レベルで作成した評価基準（Statements and Profilesという）をさらに4年間かけて改良した。改良にあたっては，国の評価基準を手直しした評価基準案を作成し，これと現実の生徒の学習上の進歩とを照らし合わせて，評価基準の問題点を修正していった。たたき台となった国の評価基準自体も約5年かけて作成されている。通算すれば10年であり，目標準拠評価を定着させていくために，長い年月がかかっている。

　2008年より，オーストラリア全体のナショナル・カリキュラムを初めて作成することとなり，これに合わせた国全体の評価基準が作成されつつある。科目により進捗具合は異なるが，2011年から科目によってはカリキュラムの内容や評価基準が示され，実施に移されたり，実施準備に入ったりしている（州によって異なる）。当然ながら，これらの評価基準は，本章で紹介した評価基準

をその後の研究や実践を用いて改良したものになっていると思われる。

2　発達段階の見取り図の意義

　発達段階の見取り図をもとにした評価基準の設定の意義は，学習指導のあり方から始まって評価のあり方，カリキュラムの構成方法までを含めた全般的な教育の見直しを求めるところにある。

　どのような能力や技能が児童生徒に育成されるべきかを評価基準として示すことにより，そのような能力や技能を育成する指導方法や指導過程については，教師や生徒の裁量を幅広く認めようとしたことが注目される。結果として求められる能力や技能に到達するのであれば，そこに至るプロセスは，生徒や学校の実態に合わせて工夫できるようにしたのである。個々の生徒について，生徒の現状と評価基準と照らし合わせて，生徒を評価基準に到達させるためには，どのような指導が適切かを考えようというわけである。あらかじめ決められたスケジュールに従って，一律に学習していく方法を改めようとしていることが注目される。

　このことは，内容中心のカリキュラムからの転換を図ることである。つまり，一定の学年や年齢段階でどのような知識を教えるべきかを規定するカリキュラムから，コミュニケーション能力や探求能力，概念化，論理，問題解決能力などを，それぞれの生徒の発達段階に応じて伸ばすことを主眼とするカリキュラム，言い換えればプロセス中心のカリキュラムへの移行である。

　わが国でも学習内容中心になりすぎたカリキュラムを，学習内容と能力・技能のバランスのとれたカリキュラムにすることが重要である。なぜなら，現在のわが国での目標準拠評価は，本来長期的な評価がふさわしい思考力などまでも，短期的な細かい評価項目を立てて評価する考え方で行うことを，暗黙のうちに推奨しているからである。やはりこれは，内容中心にカリキュラムを作る方式の影響と思われる。

　教師の役割についても，内容中心のカリキュラムでの特定の情報の伝達者としての役割から，様々な方法を用いて学習を支援する役割を重視する方向への転換が必要である。同時に生徒自身もこれまでの一定の知識を教師の指導に

従って受け取るだけのものから，独立した学習者として，自分で学習をモニターする役割を期待されるのである。

なお，8つのレベルで評価される分野や観点と異なる扱いをする「態度と価値観」といわれる分野がある。わが国の観点別評価の「関心・意欲・態度」に相当する。この分野については，他の分野や観点と違って発達段階として見取り図を示せないとして，指導の目標とはするが，評価については他の分野とは異なった扱い（必要な場合に生徒の状況を記録）をする。わが国の「関心・意欲・態度」の今後の評価を考えるうえで参考となるであろう。

3　教育目標と学習内容を関連づけたカリキュラム・フレームワーク

これまで紹介してきたのはあくまで評価基準であり，「生徒の学習結果の記述」といわれていることは先に指摘した。カリキュラム全体に関しては，カリキュラム・フレームワーク（Curriculum Framework）という文書により規定されている。「生徒の学習結果の記述」は，このカリキュラム・フレームワークに規定されたカリキュラムに対応する評価基準である。

カリキュラム・フレームワークには，最初に13の教育目標が規定されている。これを，全体的な目標（The Overarching Statement）という。また，どのような教科（Learning Area）を設定するか，各教科にどのような分野（Strand）や観点（Substrand）を設定するかを規定している。注目されるのは，13の教育目標が，各教科のどの分野や観点で育成されるべきか，教育目標と各分野や各観点の関係が明示されていることである。例えば，全体的な目標の1つとして次のような目標が示されている。

> 「生徒はいつどのような情報が必要かを認識し，一定の情報源の中から求める情報がどこで得られるかを見つけ出し，得られた情報を使ったり，他の者に伝えたりすることができる。」（文献(1)p.18）

この全体目標は，教科としての科学の中での「科学的な探求」の分野，国語での観点「プロセスと戦略の選択」，数学での分野「数学的な思考」，社会と環境での分野「探求，コミュニケーション，参加」などを通じて育成されるべきであるとしている。このように，教育目標を多くの教科や分野，観点を通じて

教科横断的にどう育成すべきかを示しているのである。教育目標と各教科や分野，観点がどう関連しているか，その全体構造を明示している点をわれわれは学ぶべきである。わが国でも近年，横断的・総合的な学習が強調されているが，具体的に教育目標と各科目のどこがどう関連するかを示してはいない。

また次ページに各教科の分野と観点の一覧を示したが，観点を見れば分かるとおり，各教科と分野ごとに観点はかなり異なっている。それぞれの教科の特性を考慮して，このような多様な観点を設定したと考えられる。これに比べて，わが国の観点は4観点（国語を例外として）でほぼ統一されている。このような一律的な観点の設定の仕方には無理があるのではないだろうか。真剣に議論すべき時がきていると考える。

4　発達段階を明示したカリキュラム・フレームワーク

すでに各教科のところでみたように，西オーストラリア州のカリキュラム・フレームワークは，各教科での生徒の能力や技能の発達の概観を示している。学習内容を学年や年齢段階別に示すのではなく，幼稚園（4歳）〜8歳（第3学年），8歳〜12歳（第7学年），12歳〜15歳（第10学年），15歳〜17歳（第12学年）の4段階に区分して，各段階での能力や技能の発達の様子を説明している。さらにこのような発達段階の特徴を述べたうえで，どのような指導をするべきかを規定している。

例えば，領域（教科）「社会と環境」では次のように各段階での発達の様子を記述している。以下，文献(1)より適宜要約して示す。

【幼稚園〜8歳】

子ども時代初期には，子どもは社会や環境に関して自然発生的な興味をもっており，人々は他の人々や環境とどうやって関わりあうか，なぜそのように関わりあうかについて興味をもっている。少しずつ拡大していくとはいえ，これらはあくまで身近な世界でのことが中心である。

なぜ人々がお互いに関係をもつか，それはどのような関係かを説明する概念や過程に気がつくにつれ，オーストラリアの社会や環境について簡単な描写ができるようになる。このような描写は断片的でお互いに関連づけられていない。

7 発達段階を明示した枠組みと分析・総合の評定

教科	分野	観点
科学	科学的探求	①探求計画の作成 ②データの収集 ③データの処理 ④結果の評価
	地球と宇宙	⑤地球と宇宙
	エネルギーとその変化	⑥エネルギーとその変化
	生命と生活	⑦生命と生活
	自然と加工物	⑧自然と加工物

教科	分野	観点
国語	話す・聞く	①語法の使用 ②文脈の理解 ③慣習的用法 ④プロセスと戦略の選択
	映像の視聴	上に同じ
	読む	上に同じ
	書く	上に同じ

教科	分野	観点
算数・数学	数学的な思考	①数学と日常生活の関連 ②数学的な戦略 ③数学的な推論 ④応用と確認
	空間	①位置の表示 ②形の表示 ③形の変化 ④幾何的な思考
	確率とデータ	①確率の理解 ②データの収集と組織化 ③データの要約と表現 ④データの解釈
	数	①数の理解 ②数的操作の理解 ③計算 ④数的パターンの思考
	測定	①単位の理解 ②直接的測定 ③測定 ④間接的測定
	代数	①記号の理解 ②グラフの理解 ③変化量の理解 ④等号,不等号を用いた解法

教科	分野	観点
社会と環境	探求,コミュニケーション,参加	①探求計画の作成 ②探求の実施 ③情報の処理と解釈 ④評価と応用
	場所と空間（地理）	①場所の特徴 ②人間と場所のかかわり ③環境の保全
	資源	①資源の利用 ②経営と開発 ③人間と仕事
	文化	①信念と文化 ②統一と多様性 ③個人,集団,文化的アイデンティティ
	時間,連続と変化（歴史）	①時間と変化 ②過去の理解 ③歴史の解釈と見方
	自然と社会システム	①自然のシステム ②政治と法のシステム ③経済システム

本章で紹介した教科（Learning Area）の分野（Strand）と観点（Substrand）

第3章　評価基準の体系化：西オーストラリア州の事例から

　学習や指導計画は，生徒が家族や学校，地域での自分自身のこと，生徒どうしの関係，経験などを探求する機会を与えるものでなければならない。
　さらに一定の地域に暮らす人々の特徴や場所の特徴，文化，生活スタイルの同一性や相違点などに注目させるべきである。重点をおくべき点は，探求活動に必要な社会的な技能，意思決定，協力性である。（以下省略）

【8歳〜12歳】
　子ども時代中期の生徒は，社会や環境に関するより広い知識を発達させるとともに，簡単な推論や主張をするようになる。この時期の後半には生徒は原因と結果を結びつけるようになり，証拠を示したり，探求した特定の文脈を超えた一般的な傾向や特徴を指摘したりできるようになる。
　この段階の生徒は，社会や環境についてきわめてステレオタイプ的な見方をし，社会と環境の相互依存関係に気がつくようになる。
　このような生徒の特徴を考えて，指導の方針としては，過去に関する生徒の知識を広げること，身近な環境を越えた世界に関する知識を広げることである。探究活動の目標は社会と環境の相互作用の目的に焦点を当てたものであるべきであり，さらにこのような目的がどのようにして異なったやり方や慣行をもたらし，しばしば紛争を引き起こすかである。（以下省略）

　この事例は教科全体の発達段階の説明を一部だけ示したものであり，この他に各教科の分野ごとの発達段階が説明されている。以上のように，カリキュラムの規定の中心は，学習内容を詳しく規定することよりも発達段階を示すことにある。教師はこれを考慮して指導計画を作成するように求められているのである。同時に「生徒の学習結果の記述」によって，発達段階の評価基準を示し，カリキュラム・フレームワークを補完しているのである。

5　分析的な評価と総括的な評価

(1) 分析的な評価基準から総括的な評価基準をつくる

　本書では，各教科の観点（Substrand）を中心として評価基準を紹介してきた。観点はいわば分析的な評価をするためのものである。西オーストリア州の

7 発達段階を明示した枠組みと分析・総合の評定

評価のフレームワークには,観点の評価基準だけでなく,これをまとめた分野（Strand）全体の評価基準が設定されている。観点が分析的な評価基準であるのに対して,総括的な評価基準であるといえよう。しかし,分野をさらにまとめた領域（教科）としての評定は出さない。したがってその評価基準もない。

わが国でも「観点別評価」と「評定」という,それぞれ分析的,総合的な評価が行われ,観点別の評価と評定との関係が問題となっている。このような問題は西オーストラリア州の場合でも同じように生じる。西オーストラリア州では,観点の評価基準の重要な部分を集めて,分野での総合的な評価基準を設定している。その事例を,領域（教科）「社会と環境」の分野「探求,コミュニケーション,参加」で示したい。この例を見れば,分野としての総合的な評価基準は,部分的に簡略化したり一部を省略したりしているが,基本的に4つの観点の評価基準を結合させたものであることがわかるであろう。

この分野には,観点として次の4つがある。

◆各観点の評価基準（レベル4）（文献(2)pp.102-103）

【探求計画の作成】

テーマに沿った適切な観察の方法やデータ,情報源を特定し,どうすればそこから情報を手に入れることができるかを決めることができる。

【探求の実施】

一貫して社会科学的なデータの収集方法を応用し,様々な情報源から正確にデータを記録できる。

【情報の処理と解釈】

様々な情報源や見方による多様な情報を見いだし,それらを選択したり,結合したり,さらに似たような考えを合わせ,一般化できる。

【評価と応用】

結論の中の一貫性が欠如している部分を認識し,簡単な説明ができる。

◆これらの4つの観点を統合した「探求,コミュニケーション,参加」の分野としての評価基準（レベル4）

適切な情報源を特定し,探求活動に適したデータ収集方法を発見できる。そしてこれらの情報源からの情報を適切に記録できる。さらに様々な見方を考慮

第3章　評価基準の体系化：西オーストラリア州の事例から

して，発見したことを提示する場合，直接の文脈を超えた一般化をしはじめる。

(2) **総括的な評価の利用場面**

　分野としての評価基準は，あくまで全体の様子を簡略化して示すことに主眼があり，学校全体としての全般的な学習成果を示す場合に用いられることが多い。つまり「環境と社会」という教科の「探求，コミュニケーション，参加」の分野で，各学校の生徒がどの程度のレベルに分布しているかを示すのである。レベル3が30％，レベル4が24％といった具合である。

　これに対して，観点ごとの分析的な評価基準は，保護者に生徒の学習状況を知らせる場合に用いられることが多い。保護者に観点ごとのレベルを知らせるか，分野ごとのレベルで知らせるかは各学校の自由であるが，各学校の事例をみると観点ごとの場合が多い。

　わが国では（たぶんオーストラリアでも同様），保護者は簡便な評価情報を求めがちである。しかし，実際に生徒の学習の向上に重要なのは，観点ごとの細かな情報である。簡便な情報こそが評価であるとし，これだけで学習の成果を判断することのないよう，教育関係者は保護者にもっと説明する必要があるだろう。

　ここまで西オーストラリア州の発達段階の見取り図に基づいた評価基準を紹介してきた。繰り返し指摘してきたが，思考力や判断力を育成するには，これらの能力がどのように発達するかの見通しが必要である。西オーストラリア州の事例は，そのような見通しを実際に評価基準として示した貴重な事例である。

■参考文献
(1) Curriculum Council (1998) *Curriculum Framework : for kindergarden to Year 12 Education in Western Australia*. Perth.
(2) Education Department of Western Australia (1998) *Student Outcome Statement : Overview*. Perth.

第4章

問題解決能力とその評価

1　問題解決能力とは
2　評価事例(1)：理科的活動を含んだ問題解決
3　評価事例(2)：社会科・歴史的分野における問題解決
4　評価事例(3)：国語分野における問題解決
5　評価事例(4)：数学分野における問題解決
6　問題解決能力の指導と評価はどうあるべきか

第4章　問題解決能力とその評価

1　*問題解決能力とは*

1　問題解決能力の重要性と理解の曖昧さ

　近年いろいろな政策文書や教育論文等に，問題解決学習や課題解決学習，問題解決能力などの言葉が登場する。例えば「確かな学力とは……自ら学び，主体的に判断し，行動し，よりよく問題を解決する資質や能力等」（「初等中等教育における当面の教育課程及び指導の充実・改善方策について」中央教育審議会，平成15年10月），「生涯にわたり学習する基盤が培われるように……活用して課題を解決するために必要な思考力，判断力，表現力その他の能力をはぐくみ」（平成19年改正学校教育法）といった具合である。これはわが国だけでなく国際的な動きであり，PISA調査でも問題解決能力が調査対象になっている。このように問題解決能力は，わが国や世界の主要な教育目標となっている。

　教育に限らない。毎日の生活は，日々何らかの問題に直面しそれを解決することの連続であり，問題解決能力は教育の場以上に社会生活で切実に必要とされる能力である。

　しかし，しばしば言及されるにもかかわらず，問題解決能力とはそもそもいったい何か，そこが必ずしも十分に議論されていない。一定のイメージはあるものの，いざ明確に説明しなければならなくなると，意外と曖昧にしか理解していないのである。そもそも「問題解決能力」の「問題」そのものが，多くの問題をはらんだ言葉である。

　第4章では，問題解決能力とは何か，その指導のあり方，さらにその評価の方法や評価基準に関して，現在の教育研究や実践の状況を紹介する。

　このような能力の評価方法は，明示されていない場合でも，スタンダード準拠評価を用いている。問題解決能力も，いわゆる高次の技能といわれる能力や技能に相当し，スタンダード準拠評価を用いて評価することになるのである。

2 問題解決能力とは

(1) 問題解決とは

まず,「問題解決能力」といった場合の「問題解決」とは何であろうか。

通常「問題解決」とは「障害や制約条件によって達成することが難しい目標に到達するプロセス」と言われている。しかし,目標に到達しようとするどのような試みも問題解決であるとして,広く定義する意見もある。

様々な定義を総合すれば,問題解決とはおおよそ次のような要素から構成されると,フィッシャー（Fisher, R.）は述べている[1]。

◆所与の条件（問題の生じた状況やそれをとりまく様々な制約条件）
◆障害（目標に到達するための方法や手続きなどが分からないことなど）
◆目標
◆努力（解決のための意図的な試み）

これらは,多少の違いはあっても,多くの定義に登場するものである。このフィッシャーの議論を発展させて,問題解決学習のプロセスを詳しく述べたのが,ウッズ（Woods, D. R.）である。ウッズによれば,問題解決には次のような6つ（ゼロ段階も含めると7つ）のステップがあるという[2]。

---

0. 私はできる：モチベーションを持つこと。
1. 問題を明確化する：図を描いてみたり,知っていることと知らないことを並べてみたりすること,など。
2. 探求する：考えてみること,簡単な問題か（分かりきった方法でできそうか）,とんでもなく難しい問題か,など。
3. 計画する：調べる段階を考えたり,フローチャートを作ったりする。一定の手続きを考えたり,数学的な論理を使うべきかなどを考えたりする。
4. 実行する：計画に従って実施する。
5. 確認する：論理の間違いがないかを調べたり,外部の基準を使って調べた

第4章　問題解決能力とその評価

りする。
6．反省し一般化する：どうやって自分は解決したか，もっと効果的な方法はなかったかを考える。見落とした所はなかったか。どのような教訓が得られたか。

ウッズによれば，初心者はステップ1へ行く段階でまず躊躇し，いきなりステップ2へ行こうとし，ステップ3を無視し，ステップ5を無視しがちであり，ステップ6をめったに行わないという。結局ステップ3と4をまとめて行おうとして，行き詰まるという。

このような問題解決過程を構成する要素やステップを考えることは，問題解決能力を評価する観点を考える場合に必要となる。私は評価の観点や評価基準を考えることで，逆に指導の目標が明確になると考えている。このような逆方向の考え方（Backward Design）を提唱しているのが，ウィギンズ（Wiggins, G. P.）である。

(2)　問題の難易度

しかしこのような定義は，「問題解決能力」でいう「問題」そのものの問題性に注目していない。例えば，数学の練習問題も，ここでいう「問題」に当たるのだろうか。また，「目的地に行くための適切な方法を考える」といったこともここでいう問題であろうか。「自分の生きる目的」などはどうであろうか。

このような疑問は「問題」にも様々な種類があることを示すものである。そこで必要となるのが，「問題」に関するタキソノミー（分類学）である。タキソノミーは，いうまでもなくブルーム（Bloom, B.）の「教育目標のタキソノミー（分類学）」で有名になった言葉であるが，曖昧な議論を避けるために「問題」のタキソノミーが必要である。

ワンカット（Wankat, P. C.）とオレオヴィクツ（Oreovicz, F. S.）は，問題解決に必要な方法の複雑さの程度によって問題を分類している[3]。この分類方法は，生徒に問題解決学習を指導する場合に，適切な困難度を持った課題を設定するために考慮すべきこととなる。

◆難易度1：定型（所定の手続きで解決できる問題）
　この難易度は，解決にあたってなんらの決定をしなくても，所定の手順や計算方法を使えば解決できる問題のことである。数学の計算問題はこの中に入る。例えば，たし算やかけ算，ひき算，二次方程式，積分の計算などである。使用すべき方法（計算のやり方）はあらかじめ分かっており（選択の必要はない），あとはこれに従ってできるかどうかである。ブルームのいう「応用」（最も簡単なレベルの応用）であるという。

◆難易度2：診断（正しい手順の選択が必要な問題）
　この難易度は，解決にあたって用いる正しい手順を選択したり，手順自体を使う中にいくつかの選択肢があり正しい選択肢を選ぶ必要があったりする場合である。また，いくつかの部分（例えば部品）を組み合わせて複雑な構造物や製作物を作る場合，いくつもの構成方法があり正しい方法を選択しなければならない場合などである。

　例えば，数学の問題を解く場合，いくつかの選択肢の中から正しい方法を選ぶ必要のある場合がある。具体的には，消費税が内税になった場合，商品の表示価格から元の値段を計算する場合には，1.05で割るか，1.05をかけるかを考えなければならない。前にも述べたとおり，高校生の多くがどちらを使ったらいいか迷うのである。難易度2は応用に加えてブルームの「分析」が加わった問題であるという。

◆難易度3：戦略（より適切な手順の選択が必要な問題）
　難易度2（診断）が正しい方法を選択して解決することを求める問題であるのに対して，難易度3の場合は，どの方法でも解決できるのであるが，最も適切なものを選択する必要のある問題である。この場合は，解決方法の適切さを評価する能力を求めることになる。例えば，目的地に行くための移動手段を考える場合である。車で行くか，列車か，飛行機か。選択にあたっての基準も考えさせる。この難易度は，ブルームの応用，分析そして「評価」が加わった問題である。

◆難易度4：解釈（現実問題の解決を求める問題）

この場合は，実際に起こる問題を解決することを求める。つまり現実の問題を，一定の形式に従ってモデル化したり，重要点を抽出して簡略化したりして，そこから解決方法を求める。例えば，多くの経済理論（例えばケインズの理論）は，現実の経済活動をモデルとしてとらえ直し，そこから有効な政策手段を導き出したものである。また問題の解決に必要なデータを集めるために，仮説を形成したり，問題に一定の解釈を施したりすることも必要となる。そのため，難易度3にさらに「解釈」の能力を必要とする問題である。

◆難易度5：創造（新しい解決方法の導出を求める問題）

これはこれまで知られていなかったまったく新しい解決方法を導き出すものである。また既存の方法をまったく新しい形で組み合わせて用いることを求める問題である。そのため創造的な能力を求める問題である。

⑶ 「問題の難易度」を考えて課題を設定する

問題解決学習の課題を設定する場合，生徒の発達段階や能力を考慮しなければならないが，難易度1の最も簡単な問題から，難易度5の最も困難な問題までを示したこのような分類は，その際の指針となるものである。つまり設定する課題が難易度2の問題の解決能力を求めるものか，難易度3の問題の解決能力を求めるものかなどと考えて設定する必要がある。

このような分類は指導方法を考えるばかりでなく，問題解決学習に関する議論の際に，どの難易度の問題解決学習をそれぞれの論者が思い描いて議論しているかを明確化することができる。教育論議の混乱の多くが，同じ用語を用いながら，それぞれの論者の思い描いている内容が異なるために生じており，これを防止するのに役立つのである。

⑷ 総合的な能力

「問題の5つの難易度」は，難易度が上がるごとに，ブルームの応用，分析，評価，解釈に加えて，創造的な能力までをも含めた能力を総合して用いること

を求めるものである。問題の困難度は、各種の能力をどの程度総合して用いるかによって異なってくる。

　数学の練習問題は、(最も簡単な)応用能力だけを用いればよい。しかし、現実生活の問題の中には、問題自体をどのようにとらえてよいか曖昧なものが数多くある。また、何が問題の解決といえるかさえはっきりしないものがある。解決方法が最適かどうかも判然としない場合が多い。例えば、アベノミクスは、デフレ脱却に有効な方法であろうか。それとも、バブル経済を引き起こして、さらに国民生活を苦しくすることになるのか。

3　問題解決能力の評価の観点と評価基準

　前に述べたように、問題解決過程に関するウッズのステップは、評価の観点や評価基準を考える場合の出発点となるものである。実際の評価の観点や評価基準には、細かな点で様々なバリエーションがあり、どれがいいかということに関して定説があるわけではない。多くの事例があり、大別すれば、問題の内容に対応した個別の評価の観点及び評価基準と、どのような問題にも適用できる(とする)一般的な評価の観点及び評価基準がある。

　第2節以降では、前者の問題の内容(分野)ごとの問題解決学習の事例とその評価の観点、評価基準の例を紹介していく。しかし、はじめに問題解決過程の一般的な評価の観点例を示しておくことは、そのような一般的な観点やそれを用いた評価基準が、具体的な問題解決過程にどの程度適用できるかを考える参考となるであろう。

　ここで紹介するのは、マルツァーノ(Marzano, R. J.)による評価の観点と評価基準の一部である[4]。

◆観点①　制約と障害を正確に把握していること
【評価基準】
・レベル4：問題に関連する制約と障害を正確かつ完全に述べることができる。直接に知ることのできない制約や障害についても考えている。
・レベル3：大部分の制約や障害を特定している。

第4章　問題解決能力とその評価

- レベル2：いくつかの制約と障害を特定しているが，間違ったものが含まれている。
- レベル1：重要な制約と障害を見落としている。

◆観点②　制約や障害を乗り越えるための実行可能で重要な方法を見つけていること
【評価基準】
- レベル4：問題を解決する創造的かつ可能と思われる方法を発見し，それは問題の中心となる制約や障害を考慮したものとなっている。
- レベル3：問題を解決するために可能と思われる方法を発見し，それは問題の最も重要な制約や障害を考慮したものである。
- レベル2：制約や障害に対処する方法を発見しているが，重要な制約や障害をすべて考慮していないものである。
- レベル1：制約や障害の重要な部分を考慮していない方法である。

◆観点③　いくつかの方法を選択し，適切に実行に移していること
【評価基準】
- レベル4：効果的かつ妥当なやり方で，綿密に解決方法を実行している。問題を解決するだけでなく，問題を深く理解していることを示すものである。
- レベル3：いくつかの解決方法の有効性を確認できる程度に適切に実行に移している。
- レベル2：実行に移しているが，不完全であり，重要な部分を落としている。
- レベル1：解決方法を十分実行できていない。

◆観点④　いくつかの方法が用いられた場合には，制約や障害を乗り越える上で，どの方法が優れているかを述べ，その理由を説明できること
【評価基準】
- レベル4：解決方法の優劣を決める論理を明確な形で要約し，それは優先順位を決めた理由を説明するものであり，他の方法を実行した場合の結果も考

慮している。
・レベル3：優劣を判断した過程を説明している。説明は納得できる論理を用いている。
・レベル2：優劣を判断した過程を述べることができるが，十分にその根拠を説明せず，試したすべての方法に言及していない。
・レベル1：説明が非論理的であり，各方法の利点と欠点を考えていない。

■引用・参考文献

(1) Fisher, R. (1995) *Teaching Children to Think*, Cheltenham: Stanley Thornes: p.100.
(2) Woods, R. D. (1987) How might I teach problem-solving? In Stice, J. E. (eds) *Developing Critical Thinking and Problem-solving Abilities*, San Francisco: Jossey-Press.
(3) Wankat, P. C. and Oreovicz, F. S. (1993) Teaching Engineering. New York: McGraw-Hill.
(4) Marzano, R. J., Pickering, D. J., and Mctighe, J. (1994) *Assessing Student Outcomes*, Alexandria Virginia: ASCD.

第4章 問題解決能力とその評価

2　評価事例(1)：理科的活動を含んだ問題解決

　前節で紹介した問題解決の過程（ステップ）と問題の難しさの程度（難易度）をもとに，本節以降では個別の教科における「問題解決能力の指導と評価」について考えてみたい。

　前節で述べたように，「問題」にも様々な種類（難易度）がある。ワンカットとオレオヴィクツは，問題解決に必要な方法の複雑さの程度によって，問題の種類を難易度1（定型）から難易度5（創造）の5つに分けた。これから紹介する理科の問題解決ステップでは，難易度1の問題はほとんど出現しないため，本節では，難易度2（診断）以上の問題を考えていく。

　教師がどのように生徒を指導したり支援したりするかに関して，ここではヴィゴツキーの「足場組み」の考え方を用いた例を紹介したい[1]。参考とした事例は，フィンケルスタイン（Finkelstein, A.）による"Science is Golden"である[2]。また評価基準（問題解決能力の発達段階）は，西オーストラリア州の"Outcome and Standard Framework"を参考とした[3]。

1　問題解決のステップとレベル

　問題解決のステップについては，前節でウッズの6つのステップを紹介した。理科における問題解決の場合には，これを一部改訂して次のような5つのステップを考える例が多い。
① 問題を明確化する
② 計画を作成する
③ 実行する
④ 結果やデータを解釈する
⑤ 反省する

　各ステップには，それぞれ8つの発達段階（レベル）を設定する。レベル6

〜8はかなり高度であり，高校生段階である。なお，ステップ①（問題の明確化）だけは，レベル6以上の発達段階は設定しない。

　本節では，紙幅の都合上，問題解決のステップ①と②に絞って，指導のあり方と発達段階を紹介する。

2　ステップ①：問題点を明確化する

(1)　教師の指導

　問題解決のステップ①では，何が問題となっているかを明確化する。例えば，総合的な学習でよく取り上げられる環境問題を例にしてみよう。生徒が「環境にやさしい生活」について考えてみたいと言った場合，これだけでは漠然としていて，どのような方向で調べればよいのか分からない。まずは「環境にやさしい生活」とはどのようなことかを明確化しなければならない。そこで教師は次のような質問をして，問題を明確化できるようにする。

注：「◆」は教師の質問，「・」は予想される生徒の反応（年齢段階によって異なるであろうが，あくまで例として）
◆「環境にやさしい」とはどういうことだろうか？
・汚さないこと
・空気を汚くしないこと
・ごみを出さないこと
◆（「空気を汚くしない」という意見を取り上げて）それでは，空気を汚くしないのが環境にやさしいことならば，空気を汚くするものは何か考えてみよう。
・煙が汚すよ。
・車の排気ガスが汚している。
・工場の煙かな。
◆いろいろな煙がでたが，この辺りでは，どのような煙がたくさん見られるかな？

第4章　問題解決能力とその評価

　このような質問により,「環境にやさしい生活」というはじめの問題提起を,より明確な形にしていく。これから先の教師の質問や生徒の反応によって,理科的な問題解決学習にも,社会科的な学習にも発展していく。社会科的な問題解決学習に発展させるためには,「どのくらいの車が走っているのかな？／車の台数は増えているのかな？／なぜ車の数が増えているのかな？」などといった質問を教師が投げかけていくことである。
　ここでは理科的な学習に発展させていくことを考えてみよう。
　◆で示した教師の質問は,「やさしい」とはどういうことかを考えさせることで,「環境にやさしい生活」という最初の問題提起を,より明確な形で考えさせる手助けをしている。さらに煙がなぜ環境を汚すのかを考える方向に導き,具体的な調査ができる方向に導いている。このような質問が「足場組み」である。
　問題解決能力は初めから意識的な形で生徒に備わっているわけではない。問題を明確化したり,方向づけたりする足場組みの指導を受けて,生徒は問題を明確化していく。このような指導がくり返されていくと,教師の質問を生徒が自分自身で問いかけるようになる。そうなれば,生徒自身が問題解決能力（この段階ではその一部分であるが）を獲得していくことになる。

(2)　**発達段階**
　ステップ①（問題の明確化）の発達段階は,教師の足場組みを必要とする段階と,自らできる段階に大別できる。
【足場組みを必要とする段階】
・レベル１：教師の質問と自分の経験をもとにして,問題に関連した何らかの答えができる。
・レベル２：教師の連続した質問に対して,適確な答えが継続的にできる。
・レベル３：教師の最初の質問でほとんど十分であり,残りの質問を自分自身でできる。
【足場組み（教師の質問）を必要としない段階】
・レベル４：自分で質問をして問題を明確化できるが,問題の明確化に不十分

なところが残っている。
・レベル5：計画段階に進めるだけの適切な明確化ができている。

3　ステップ②：計画を作成する

　問題が明確になったら，次に解決のための計画を考えることになる。例として"Science is Golden"のソリ遊びの問題解決例に，西オーストラリア州の評価基準を当てはめて紹介する。

　ソリ遊びの例では，生徒は「ソリ遊びを最も楽しくするためにはどうしたらよいか」という問題を考えている。まず，問題解決のステップ①として，「楽しく」をもっと明確にする必要がある。そこで，教師の質問をもとに，「最もスピードのでるソリにするにはどうしたらよいか」と問題を明確化し，スピードのでるソリを工夫するための計画を作成することとなる。（注：この場合のソリは，日常道具をソリに転用したものから，雪遊び用ソリまで様々なものを実験することを前提としている。）

【発達段階】
・レベル1：教師の質問を聞いて，質問に関連する返事をする。

　　例えば，「どのようなとき，ソリが速く滑ったかな」という教師の質問に対して，「斜面が急だったときソリが速く滑った」とか，「流線型のソリだと速く滑ったと思う」などと答える。
・レベル2：身近な出来事に関する教師の質問を聞いて，考慮すべき変数を見つけることができる。

　　ブレイン・ストーミングの中で，「ソリが速く滑る場合，どのようなことが関係しているか意見を言ってみよう」という教師の問いかけに，「ソリの重さ」とか「斜面の角度」とか意見を言うことができる。こうした議論の上で，「斜面の角度とソリのスピードを調べる」というふうに，考慮すべき変数（この場合は斜面の角度）を言うことができる。
・レベル3：調べる方法を考え，科学的に正しい調べ方を考慮しており，経験をもとに一定の予想をしている。

　　例えば，「重さとソリのスピード」の関係を調べることになった場合，ソ

リにかかる重さをどのように変えるか（例えば，体重の重い生徒と軽い生徒で実験する）を考えたり，同じソリを使わないといけないことに気がついたりしている。そして経験から，軽い生徒のソリのほうが速くなると予想している。

- レベル4：変化させる変数と測定する変数を見つけ，少なくとも1つの変数をコントロールされるべきものとして見つけることができる。観察を主体とした活動では，どのような観察をすべきか自分で考えることができる。

　例えば，ソリにかかる重さを変化させる変数（独立変数），スピードを測定すべき変数（従属変数）として明確に意識し，同じソリを使わなければならないことを，コントロールされるべき変数として明確に意識して実験計画を立てることができる。また，最も適切な測定方法（この場合には，スピードの測り方を自分で考える）を選択することができる。

- レベル5：問題を分析して，調べるべき疑問点を明らかにし，仮説を立て，いくつかの変数をコントロールする実験を計画することができる。

　例えば，ソリのスピードに関係する重要な変数をいくつか考え出し（ソリの重さ，ソリの形状，斜面の角度など），1つの変数を変化させて調べる場合には，他の複数の変数は一定にしておかなければならないことが分かっている。

- レベル6：問題を分析して，調べるべき疑問点を明らかにし，仮説を立てる。考慮すべき変数や予想をするのに，科学的な知識を用いる。正確な測定をする計画を立てる。

　このレベルでは，調べるべき変数や結果を予想する場合に，科学的な知識を意識的に用いている。ソリ実験の場合には，ソリの速さは摩擦の問題の1つであることを明確に意識して実験を考えている。そこから，重量，ソリの底の表面の状態（滑らかか，ざらついているかなど），さらに空気抵抗を考えた実験計画，雪の温度が摩擦を変えることまで考えたりすることである。結果の予想もこのような科学的な知識をもとに行われることが特徴である。また正確な測定をするために，くり返して測定したり，平均をとったり，例外的に極端な数値が出た場合には排除したりすることもできる。

- レベル7：自分自身で科学的な調査に適した問題を発見し、様々な参考資料を自分で見つけて調べて問題を明確化し、多段階にわたるか長期にわたる実験や調査ができる。

 生徒は教師の直接の指導を受けなくても、自分自身で科学的な調査に適した題材を実生活の場面から発見できる。また、必要な知識や情報についても自分で調べ、仮説を立てたり、正確なデータを組織的に収集したりできる。

 ただし、ここまで用いてきたソリ実験の例は、このレベルの能力を調べるためには不適切である。これに適した課題としては、例えば、「環境汚染の問題」を自分で実生活上の問題として発見し、これに関して何を調べるか、どのように調べるかなど一連の過程を自分で計画できることである。

- レベル8：生徒は調査計画の立案を独力で行い、変数のコントロール、測定の正確さ、調査範囲をどの程度にとることが適切か、くり返して調べること、同じ実験を並行して行うことで正確に調べることなど、これらをすべて考慮して計画を立てることができる。

 レベル7と8は、かなり高度な段階であり、わが国では高校以上のレベルであろう。もっと言うと、高校生でもできないかもしれない。なぜなら、わが国ではこのようなレベルを意図して教育していないからである（スーパー・サイエンス・ハイスクールは例外であろう）。実生活から科学的な問題を発見して解決するなどということも、指導の目標となっていない。もっとも、実生活上の問題を発見して調べていくようなことを発達段階として入れることの当否は、考える余地があるであろう。しかし、実生活上の問題は、実験室での問題に比べ様々な要素がからみ合っており、問題点を明確化することからしてなかなか困難である。そのため、これを最高レベルにもってくることに意味はあるであろう。

 ここでは問題解決のステップのうち、「問題の明確化」と「計画の作成」の2つのステップについて紹介した。例としてソリ実験の事例を用いたのは、問題解決の探求過程と問題解決（解決策）の結合が分かりやすいためである。なお、レベルが上がると、ステップ①（問題の明確化）やステップ②（計画の作

成），ステップ③（実行）などを明確に区分して評価したり基準を示すことは困難となる。高度なレベルでは，各要素が密接に関係することが特徴となる。

　わが国の総合的な学習でしばしば取り上げられている環境問題という大きな課題を，問題解決学習として考えようとすると，環境汚染の状況などを調べることはできても，その解決策はとても難しく，問題解決にならないこととなる。ただし，汚染の現状を考えることも問題解決への過程の一部であると考えることはできよう。

■参考文献

(1) Vygotsky, L. S. (1978) *Mind in Society: The Development of Higher Psychological Processes*. Cambridge, Mass.: Harverd University Press.
(2) Finkelstein, A. (2002) *Science is Golden*. Michigan State University Press.
(3) Western Australia. Educational Department. (1998) *Outcome and Standard Framework*. Perth.

3 評価事例(2)：社会科・歴史的分野における問題解決

1 TASCとは

　本節では，イギリスのTASC（Thinking Actively in a Social Context）学習プログラムを用いた問題解決学習の事例を紹介する。TASCとは，生徒主体のグループ活動を用いながら，できるだけ実生活と関連づけた課題を用いて，問題解決能力や思考力を育てようとする試みである。中心人物はワラス（Wallace, B.）である。

　この学習プログラムの理論的な基礎は，ヴィゴツキー（Vygotsky, L.S.）の「高次の心理プロセスの発達理論」と，スタンバーグ（Sternberg, R.J.）の「知的な発達に関する三連合体理論」である。

　ヴィゴツキーの理論からは，「生徒の持つ既存の知識を活用して，これを組み替えていくように指導すること」，「足場組み」，「日常言語を基礎としてこれを専門的な用語に代えていくこと」などの点を取り入れている。

　スタンバーグからは，メタ認知能力の発達を目指した指導過程に，知的な発達に必要な3つの学習機会，すなわち「思考を構成する技能の学習」，「技能を使ってみる練習」，「実生活の場面で技能を使ってみること」を組み込む方法を取り入れている。

　TASCはイギリスのナショナル・カリキュラムに対応した問題解決能力や思考力の育成プログラムである。問題解決能力はイギリスのナショナル・カリキュラムで育成すべき基本技能の1つとされ，次のように述べられている。

　　「問題解決技能とは，問題を発見して理解し，解決する計画を立て，問題解決技能の進歩を認知し，解決方法の適切さを評価できることを含むものである。あらゆる学習分野で，この技能を向上させる機会を提供しなければならない」[1]

この評価については，ナショナル・カリキュラムの分野ごとに定められた，8つのレベル（対象は5〜14歳）の評価基準を使うことになる。ここではこのTASCの問題解決過程の考え方と，これを歴史分野に応用した事例を紹介する。

2　TASCの問題解決過程の考え方

TASCでは問題解決過程を以下の8つの構成要素（ステップでもある）から成り立つと考えている[2]。

① 　収集，組織化：問題に関して自分の知っていることを考えてみる

問題に関して自分のこれまでに知っている知識などを思い出す段階。問題に関連させて知識を思い出すことにより，バラバラだった知識を統合する働きを持っている。

② 　確認：課題が何であるかを確認する

目標は何か，何を目指しているのか，障害は何か，何を知る必要があるかを確認する。これによって，活動の結果の評価基準を確認することにもなる。

③ 　創出：どのようなアイデアがあるか考える

誰が助けとなるか，どこへ行けばもっといろいろなことを発見できるか，他の人ならどう考えるか，他の方法はないかなどと考えてみる。

④ 　決定：どれが最適の方法か決める

自分が決定したことによって何が起こるか考えたり，その決定についての反対論や賛成論を考えたり，どの考え方が最も重要か考える。

⑤ 　実施：実行に移す

様々な方法や形式を試してみる，記録方法を工夫する，重要な実施過程については教師の指導を受けたり，やり方の模範例を参照したりする。実施途中でうまくいっているか確認していく。

⑥ 　評価：実施した結果の効果を確認する

目標が達成されたか，一定の基準と比較して結果を評価したり，場合によっては改善すべき点を考えたりする。もう一度やり直してみる機会を持つ。

⑦ 　コミュニケーション：他の人に実施結果を伝える

どのような人を対象として，どのような方法を用いたら結果を効果的に伝

3　評価事例(2)：社会科・歴史的分野における問題解決

えることができるかを考える。

⑧　反省：何を学習したかを考える

問題解決学習の過程を振り返り，以前と比べてどこが進歩したか，何を学習したか，どのような技能を用いたかを考える。

このTASCの8つの構成要素を，様々な学習分野（教科）の問題解決学習に応用するのである。

3　TASCの歴史への応用例

歴史分野での問題解決学習は，第1節で述べた「問題解決」の定義「障害や制約条件によって達成することが難しい目標に到達するプロセス」から考えた場合，目の前の障害を乗り越えたり，困難な状況を克服したりするような形の学習は，設定しにくい。

そのため実際には，課題を設定して，それについて考えたり，調べたりする学習活動となる。そのため「目標に到達するどのような試みも問題解決学習である」とする広い定義に近くなってくる。その点を断った上で，古代エジプトに関する様々な問題（課題）を設定し，生徒がグループ活動を中心にしてTASC方式で学習活動を展開した事例を紹介する[3]。次の(1)～(5)のステップは，「エジプトの時代と場所について」というテーマについての学習活動における例である。この活動例は9歳の生徒を対象としている。

(1) 収集，組織化（導入）

学習の導入として，古代エジプトについてどのようなことを知っているか，クラスでブレイン・ストーミング形式により，知っていることを出し合う。意見が出たら，それぞれの事項を図で関連させたり，いくつかの見出し（例えば，日常生活，建物，死）を付けて，グループ分けしたりする。

この導入部分は，TASCの「収集，組織化」の段階である。このブレイン・ストーミングは，この事例を含む8つの学習活動（ステップ）の出発点となる。この学習活動例に関連する生徒の意見としては，

・アフリカにあった

・ピラミッドがある
・数千年前のこと
・紀元前でローマより以前
といったものが出された。

(2) **確認：課題は何であるか**
　空間的，時間的に古代エジプトの位置を確認することが，学習の目標であることを生徒に確認させる。まず，エジプトの地球上の位置を世界地図上で示す。さらに，地図帳でエジプトを取りまく自然の要害（砂漠，ナイル川三角州の湿地帯）などを確認する。また，王家の谷，ギザのピラミッド，メンフィス，テーベなどを地図上にマークする。次に，時間的な位置について考えることとなる。

(3) **創出：時間的な位置を示すのにどのような方法があるか考える**
　いつ頃エジプト人が生きていたかを議論する。まず紀元前と紀元後の区分を確認する。次に，聖書の出来事と関連づけたり（モーゼ，エジプトへの脱出など），西暦1年を中心に前後の年数を数える練習をする。
　時間的な位置を示すために，時間をひもで表現する方法を示して考えさせることとする。古代エジプトの参考資料について生徒に説明する。

(4) **決定：どのアイデアが最も適切か**
　年代を参考資料によって調べるように指導する。図書館の資料を用いたり，CD-ROMの資料を使ったりする（これによって，生徒の資料活用技能が明らかとなる）。
　調べた主要な出来事の年代を，それぞれポストイットに記入する。次に，このポストイットを時代順に並べる。1000年程度の時間区分を考えることとする。この活動では，時間を示す方法として教師がひもを用いることを指導しているため，生徒自身が方法を決定することはない。生徒の活動としては，どの出来事を調べるかを決め，またその年代を確定するということが残されている。

3 評価事例(2)：社会科・歴史的分野における問題解決

(5) 実施：時間的な位置を示す作業を始める

　ひもを用いて年代を示すこととする。AD2000年からBC3000年を1メートルの長さが千年を示すこととして，500年ごとに区分する。そして主要な出来事を絵で表現した紙を，このひもの所に時代順につるすこととする。ブレイン・ストーミングで出てきた，ツタンカーメンの墓ができた時期，アブシンベル宮殿ができた時期なども，参考資料で時代を確認し，絵を書いた紙をひもにつるして時期を表現する。ひものどのあたりにつるすべきか，生徒に考えさせる（例えば1cmが何年間を示すか）。

　実際につるしてみると，紀元後1000〜1999年が混み合ってくる。そこで，その理由を考えさせる。特に最後の200年が混み合ってくるので，各出来事の重要性について考えさせ，残すものを選択させる。さらに，お母さんやおばあさんが同じ選択をするか考えさせる。

(6) 評価：どのくらい意図したことを実現できたか

　作成したひもとそこにつるされたプレートを見て，どのくらい昔にエジプト人が活躍していたか，時代を調べるのにどの方法が一番便利だったか考えたり，友達と協力できたかを話し合ったりする。

(7) コミュニケーション：結果を他の人々に伝える

　出来上がったひもは，他のクラスに見せることとする。

(8) 反省：何を学習したか

　何を学習したかについて，学習活動全体を振り返る話し合いをする。エジプトの地理的な位置を示すことは，予想したとおり難しくなかった。しかし，時間的な位置を示すことはまったく新しいことであった。歴史上の出来事を選択し，重要性の順序を決め，順番に並べることを学んだという反省をした。

4　学習の評価

　イギリスのナショナル・カリキュラムでは，先に述べたように問題解決能力

第4章　問題解決能力とその評価

を基本技能の1つとし，あらゆる学習分野で育成するように要求しているが，問題解決能力そのものに関する専用の評価基準が規定されているわけではない。他の学習目標を含んだ8つのレベルの評価基準の中に，問題解決能力に関わる基準が組み込まれている。それらの評価基準から，問題解決能力に関連すると思われる部分を取り出すと次のようになる。

- レベル1：過去に関する簡単な質問に対して，情報源から解答を発見できる。
- レベル2：簡単な観察に基づいて行われた過去に関する質問に対して，情報源を観察したり操作したりして，解答することができる。
- レベル3：過去に関する質問に対して，簡単な観察を超える方法を用いて，情報源を用いて解答することができる。
- レベル4：様々な情報源から情報を選択したり，情報を組み合わせて用いたりすることができ始める。
- レベル5：情報源としての価値を評価し，特定の課題の遂行にあたって，これらの情報源から有用な情報を発見できるようになり始める。情報を選択し，組織化することにより，まとまりのある作品を作り出すことができる。
- レベル6：情報源を発見し，その価値を評価し，これらを批判的に活用して結論を導いたり，正当化したりすることができる。
- レベル7：自分の知識や理解したことを用いて，必要な情報を見つけ，価値を判断し，批判的に用いて，ある程度自分で独立して調べる結論を導くことができる。
- レベル8：情報源を批判的に利用し，独立して調べ結論を導くことができる。

　事例で示した学習活動では，レベル3ないしレベル4を目指した学習活動であると考えられる。図書館の参考資料を使って調べることは，ここではほぼレベル3に相当する。使用する参考資料が多様化したり，参考資料どうしを比較したりし始めればレベル4に相当する。評価をするためには，このような学習活動のあと，別のテーマを設定して，生徒がレベル3ないし4の評価基準に該当する活動ができるか確認する必要がある。

■参考文献

(1) QCA/DfEE (1998) *History Teacher's Guide: A scheme of work for Key Stages 1 and 2*. London: QCA.

(2) Bentley, R. & Johnstone, E. (2002) Getting the Wheels Turning. In Wallace, B. & Bently, R. (eds.) *Teaching Thinking Skills across the Middle Years*. London: David Fulton.

(3) Cave, D. (2003) Developing TASC Problem-Solving and Thinking Skills through History TASC. In Wallace, B. (eds.) *Using History to Develop Thinking Skills at Key Stage2*. London: David Fulton.

4 評価事例(3)：国語分野における問題解決

　本節では，イギリスのTASC（Thinking Actively in a Social Context）の学習プログラムを，国語（英語）の分野に応用した問題解決学習の事例を紹介する[1]。前節で紹介したように，TASCの特徴は，生徒主体のグループ活動を用いながら，できるだけ実生活と関連づけた課題を用いて，問題解決能力や思考力を育てようとする点である。

1　課題の内容

　生徒（わが国の中学生の年齢に相当する）には次のような課題が与えられた。

　課題：あなたは慈善事業のための宣伝をする会社に働いています。WEROという団体が，モザンビークの救援活動のために，全国規模の募金活動を展開しようと，その相談にやってきました。
　状況は急を要しています。あなたは効果的な募金活動をすぐに提案する必要に迫られています。
　募金活動の予算は5万ポンドです。これを使って，効果的な募金戦略と使用する手段を考え，WEROの担当者に提案しなさい。

　課題の内容は，必ずしもわが国の国語の枠にとどまるものではない。実生活に関わる問題を取り上げる場合には，どうしても学校教育の教科や科目の枠を超えることが多くなる。例えば，この事例でも，予算を考えたり，適切な写真を選択したり，新聞の読者層を考えたりすることが含まれる課題であるため，純粋な国語学習の範囲に収まりきらない。このことは，評価基準の設定についても困難をきたす。科目ごとの評価基準では対応できないという問題が生じる。
　そのことを踏まえた上で，効果的なキャンペーンの展開という課題の中には，

適切な広告文の提案など，言語の効果的使用に関する知識や技能を用いる活動が含まれるので，これを国語的な内容を中心とする問題解決学習の例として紹介する。

2 問題解決過程

前節で述べたようにTASCでは，問題解決過程を8つの構成要素（ステップでもある）から成るとしている。国語の学習活動では，この8つの構成要素の具体的内容が，以下に示すようになる。

(1) **収集・組織化：問題に関して自分の知っていることを考えてみる**

自分がこれから対象とする読者や相手方（この場合は募金活動を呼びかける人々）について何を知っているか，この目的や対象とする人々に適切な文章形式は何か，またそのような文章の構造はどうあるべきか，（キャンペーンに）用いられる言葉にはどのような特徴があるか，文法上の特徴は何か，このテーマや主題（この場合はモザンビークのこと）について知っていることは何か。

(2) **確認：課題が何であるか確認する**

文章を書く目的は何か，文章を読んだ読者（キャンペーンを見たり読んだりした人々）に対してどのような影響を与えようとしているのか，テーマや主題は何か。

(3) **創出：どのようなアイデアがあるか考える**

文章で何を言えばよいか，どうやって意図した効果を上げることができるだろうか，（キャンペーンの対象とする人々は）何を知りたがっているだろうかを考えて，様々な利用可能な方法を考える。

(4) **決定：どれが最適な方法かを決める**

何を文章に含めるか，どのような効果をねらって文章を書くか，人々が知りたがっていることは何か，意図した効果を上げるために守るべき文章の慣例は何か，意図した効果を上げたり対象としたりする人々に対してどの程度慣例的な表現方法を用いるのが適切か，などについて決定する。

(5) **実施：実行に移す**

（文章を書いている途中で次のようなことを考える）この文章は私が意図し

たことを言っているだろうか，意図した効果を上げているであろうか，もう1回くり返してみるべきだろうか，正確な文章が書けているだろうか，最も効果を上げる順序になっているだろうか，文章のある部分を変えて，もっと明確にしたり，効果を上げたり，正確な文章表現にしたりできないだろうか．

(6) 評価：実施した結果の効果を確認する

意図したとおりに人々が反応しただろうか，うまくいった原因はどこにあるか，失敗したのはなぜか．

(7) コミュニケーション：他の人々に実施結果を伝える

対象とする人々，テーマ，目的から考えて，自分がした決定が正しかったことを示すことができるか，書いた文章の優れた所と弱点を述べることができるか．

(8) 反省：何を学習したかを考える

文章を書く場合に自分の持っている欠点と，優れている点を言えるであろうか，読者の必要としていることについて何を学んだか，言語の特徴や構成上の特徴について何を学んだか．

3　実際の学習活動例から

前述の課題に関して，この8つの構成要素（ステップ）が実際にどのようになったか，具体的な学習活動の様子を示す．

(1) 収集・組織化

まずどのような人々をキャンペーンの対象にできそうか考えた．例えば，子どもたちか，10代の若者たちか，勤労者か，お母さんたちか．

そしてこれらの人々がそれぞれどのような新聞を読んでいるか，よく見るテレビ番組がどのようなものかを考えてみた．これらの人々にキャンペーンの内容を伝えるには，どの方法が適切だろうか．

次にこのようなキャンペーンには，どのような文書形式やスタイルが用いられるかを考えた．結局，次のようなことが話題となった．

・写真の使用が考えられる．

4 評価事例(3)：国語分野における問題解決

- 人物を写した写真の効果。
- 写真は人々の目を引きつけること。
- 感情に訴える言葉が必要。
- 言語的なしかけ（韻を踏むこと，リズム，だじゃれ，頭韻法）も重要。
- 最も人々の感情を動かす事柄は何か，お金がどのように送られて使われるかについて，情報を提供する必要がある。
- テレビの宣伝は，時間によって異なった人々に訴えかけることになる。
- 各新聞は異なった読者層を持っている。

(2) 確認

　この段階で，課題の内容をより詳しく考えることとなる。インターネットを用いて，モザンビークの状況を示す資料を手に入れた。これを見ながら，例えば次のような議論がでた。
- できるだけ多くの人々に援助金を送りたい。
- 働いている人々が，募金するお金を持っている。
- 人々がキャンペーンの存在に気がつかなければならない。

(3) 創出

　この段階で，ブレイン・ストーミングの形で，考えられる宣伝方法を出し合った。まず次のような意見が出てきた。
- 多くの視聴者は，テレビの宣伝を切ってしまう。何か別のことをして，彼らにショックを与えて，何かしようという気にさせなければ。
- 私が見た募金の宣伝は，今起こっていることや，それに対して何の対策も行われていない現状を伝えており，怒りの気持ちが湧いてきた。
- 人々にある種の罪の意識を持たせなければならない。つまり，苦しんでいる人々がいる一方で，自分たちは平穏に暮らしている。

　宣伝の方法としては，議論の中から，新聞広告，ダイレクトメール，屋外広告，ビラ，ラジオでの宣伝，テレビでの宣伝などが提案された。

第4章　問題解決能力とその評価

(4) 決定

　提案された方法のうちどれを採用するかについては，選択の基準が「(2)確認」の段階で大まかにできているため，これをもとに議論した。選択基準は次の通りである。

・説得力があるか。
・ねらいを定めた人々の心に響くものか。
・ねらいを定めた人々の注意をひくものか。
・ねらいを定めた人々に何を知らせるべきか。
・予算でまかなうことができるか。
・期限に間に合うか。

　この基準をもとに，以下のような意見が出て宣伝方法が決定した。

・お母さんやお父さんに募金してもらうためには，子どもと親が一緒に写っている写真が必要だ。
・人々が飢えており，数百万人が困っていることを伝えること。
・5万ポンドの予算では，テレビと新聞の両方は無理だから，どちらか1つを選択しなければならない。

(5) 実施，評価，コミュニケーションまで（「反省」は省略）

　宣伝方法が決定したら，実際の広告を作成することになる。作成中に次のようなことをグループで確認しながら続けた。

・適切な語数か。
・言葉の音の響きはどうか。
・写真の置き場所はこれでよいか。
・読んでみて，変なところはないか。

　このケースでは，実施から評価，コミュニケーションの各段階は連続しており，区別せず同時進行した。その中で次のような意見が述べられた。

・私たちは，人々に悲しい感情を持ってもらいたかった。多くの被災者のことを話しても効果的ではない。特定の被災者の名前を挙げ，洪水の中でその人に何が起こったかを語ったほうがよい。

・心に響くようなものを考えたかったはずだ。「遅れてはいけない」「今すぐ行動しなければ」などといったリズムが、宣伝文には必要だ。
・テレビの宣伝で思い出すのは画像だ。だからこれは言葉が多すぎる。

【作品例】（実物は写真がついている）

　今15万以上の人々が洪水で危機に瀕している。あなたの支援で多数の人々が救われます。わずかな資金の寄付でも、モザンビークの人々を助けることができます。

　必ずしも必要としない高価な衣服を買う前に、ちょっと考えてください。あなたが使うお金で、洪水と疫病で苦しんでいるアシュウィウのような家族が生きていけるようになります。他の多くの家族と同じように彼らが死んでしまう前に、今助けてください。

4　評価基準

　(1)～(7)まで学習活動のプロセスを紹介したが、結果として作成された作品例の評価はナショナル・カリキュラムの8レベルの評価基準を用いて行われる。この学習活動に関連する評価基準を各レベルから抽出してみると次のようになる。ただし、例に挙げた課題の内容からすれば、この評価基準は文章の表現形式や、スタイル、言葉の選択が表現の目的に照らして適切であるかにしぼられてしまう。

・レベル1：該当なし。
・レベル2：生徒の書いたものは、物語形式であろうと、それ以外であろうと、適切で興味を持たせる語彙を用い、読み手のことを意識している部分が見られる。
・レベル3：異なる書き方の形式の特徴的な点が正確に用いられており、異なった読者に適合するものになり始めている。
・レベル4：様々な形式で書かれた文章は、生き生きしており、よく考えられている。最初の考えが興味をそそるように一貫して展開されており、読者の

状況に適合するように体系づけられている。語彙の選択には，しばしば創意工夫が見られ，効果的に用いられている。
- レベル5：多様な書き方ができ，異なった読者に対応して，様々な表現形式で明確に意味を伝えることができている。語彙の選択は想像力にあふれ，正確である。
- レベル6：読者の関心を引きつけ飽きさせない文章であり，異なった表現形式に対応した文章のスタイルで表現できている。例えば，第三者的な表現スタイルを用いたりできる。表現効果を上げるため，文章の構造を変えたり，多様な語彙を用いたりすることができる。
- レベル7：様々な表現形式について，その表現スタイルを適切に選択できる。
- レベル8：特定の効果を上げたり，読者の興味を引きつけたりするために，文章の特色や表現スタイルを選択している。ノンフィクションに関する文章では，首尾一貫した明確な観点を示すことができる。

この作品例では，レベル4ないし5に相当すると考えられる。どちらになるかは，他の作品例や課題を与えてみる必要がある。

■引用文献

(1) Kent, N. (2002) Thinking Through a Literacy Project. In Wallace, B. & Bently, R. (eds.) *Teaching Thinking Skills Across the Middle Years*. London: David Fulton. pp.47-64.

5 評価事例(4)：数学分野における問題解決

　本節では，数学の問題解決能力の指導と評価を考える。これまで同様，イギリスのナショナル・カリキュラムを前提として作られているTASC（Thinking Actively in a Social Context）の指導方法を用いた事例を紹介する。

　ただしこれまでの教科（理科，社会，国語）と異なり，数学の場合，問題解決能力の発達段階を示した専用の評価基準が設定されているので，まずはそれから紹介する。

1　数学での4つの学習分野

　イギリスのナショナル・カリキュラムでは，各教科がいくつかの学習分野（attainment target）に分けられているが，数学の場合は4つの学習分野がある。
①　数学の使用と応用（using and applying mathematics）
②　数と代数（number and algebra）
③　形，空間と測定（shape, space and measures）
④　データ処理（handling data）

①〜④の各学習分野に8段階の評価基準（5〜14歳が対象）がある。数学的な問題解決能力を指導し評価するのは，①の「数学の使用と応用」である。

　これまで紹介した教科では，問題解決能力を独立して取り扱う学習分野や評価基準はなかったが，数学についてはこれが独立して設定されている。この「数学の使用と応用」という学習分野では，数学の枠内だけでなく，実生活上で生じる課題を数学的な手法を用いて解決できる能力を育成することを目的としている。その点では，アメリカを中心として展開されているオーセンテック（authentic）な課題を用いた評価を，イギリスでも実施しようとしているわけである。

第4章　問題解決能力とその評価

わが国の数学の観点では,「数学的な考え方」がこの部分と重なると考えられるが,イギリスの「数学の使用と応用」の学習分野は,数学を用いて実践的な課題を解決（問題解決）することを強調するものとなっている。純粋に数学的な課題だけでなく,実際的な課題,実生活で生じるような課題に対処するような機会を与えることを求めているので,数学以外の教科,例えば科学の学習活動の中で評価してもよいことになっている。そのうえで,次のような技能や能力の発達を図ろうとしている。

①　問題解決のための適切な方法を選択し,解決過程と結論を吟味できるような技能
②　数学的な言語を用いること,これを使って思考過程を表現できること
③　数学的な論理過程を展開できること

各レベルの評価基準の内容は,①～③の発達させるべき技能や能力をレベルごとに組み合わせて示したものである。

2　「数学の使用と応用」における8段階の評価基準

◆レベル1

学習活動の中で,なんらかの形で数学を用いることができる。数学的な思考を示すために,物や絵を使うことができる。簡単なパターンや関係を認めることができる。

評価基準の説明：数学的な学習と限定されない学習活動の中で,自然にたし算を使ったり,ひき算をしたりする。また,たし算をする場合,数を物で示したり絵をかいて示したりする。また,例えば正三角柱の積み木を重ねていけば,より大きな正三角柱ができあがること（パターン）に気がつき,大きな正三角柱を作ったりする。

◆レベル2

学習活動の中で簡単な問題を解決するために,用いるべき適切な数学を選択できる。数学的な用語を用いて学習内容を論じたり,数学的な記号や図を用いて示したりすることができ始める。また,なぜ求めた解答が正しいか説明でき

る。

　評価基準の説明：たし算，ひき算，かけ算などを選択して用いる。計算を2＋3のような形で表現したり，パーティーで必要な品物を絵で描いて，単価と必要な個数を示し，合計金額を示したりする。例えばバナナの絵を描いて，単価と必要個数，合計金額を示すようなことである。

◆レベル3
　問題を解決するためにいくつかの異なった方法を試し，課題を克服する方法を発見できる。自分の実行した内容を整理したり，結果を確認したりし始める。自分の実行した内容について議論したり，自分の考えを説明したりすることができ始める。数学的な記号や図を用いたり，解釈したりすることができる。一般的な表現で示された内容を，それに当てはまる具体的な例を見つけて，理解することができる。

　評価基準の説明：例えば，サイコロを振ってどの数がいちばんでやすいか質問された場合，「どの数でも同じようにでる可能性がある」と推定して答えたとすれば，どうすればそれを確かめることができるかを考え，実行した結果を表にしたり，グラフにしたりして示すことができる。

◆レベル4
　問題を解決するための方法を自分自身で考え出し，この方法を数学の学習の中だけでなく，数学の学習以外の実際的な活動の中で用いることができる。数学的な情報や結果を明確かつ体系化された方法で示すことができる。またそのような表現方法をとった理由を説明できる。自分自身の方法を用いてパターンを発見しようとする。

　評価基準の説明：例えばスーパーマーケットで，大豆の缶を積み上げるように言われたと仮定した課題について，20段の缶を積み上げるためには，一番下の段にいくつの缶が必要か，表などを用いて計算できる。一番上には缶1つ，その下には缶を3つ，3段めには缶が5つとして積み上げるとする。この計算ができたら，この方法を使って30段の場合も計算できる。つまり，自分で考え

た方法を使って，特定の問題を解くだけでなく，一般化して，別の問題や発展的な問題にも使えるようになることである．

◆レベル5

課題や問題を解決するために必要となる情報を発見できる．実行した結果を確認したり，その方法が適切かを考えたりすることができる．問題を図や言葉，記号を用いて数学的に表現できる．証拠に基づいて自分の用いた方法を一般化して説明できる．また用いた方法を論理的に説明できる．

評価基準の説明：前記の缶の積み上げの例でいえば，10段高くなれば一番下の段の缶の数は20ずつ増えるというルールを発見し，理由も述べることができる．さらにこれを発展させて，任意の段数の場合に一番下の段の缶がいくつになるか計算するルールを見つけることである．

◆レベル6

複雑な問題をいくつかの部分に分解したり，より取り扱いやすい形式に置き直したりして，難しい問題を解決することができる．さまざまな数学的形式で示された情報を解釈したり，議論したり，総合したりすることができる．図表を用いた場合は，その説明を書くことができる．問題を一般化したルールを見つけたときには，その正しいことを説明できる．解答が正しいかをいくつかの事例を使って確認できる．

評価基準の説明：例えば，「イギリスで一日の新聞発行に必要な木の数はどのくらいになるか」などといった問題に答えることができる．このような問題を解くには，まず一日の新聞発行量，新聞の平均的な重さや大きさ，一本の木から平均どれだけのパルプが取れるか，パルプからどれだけの新聞紙ができるかなどといった情報が必要なことを特定し，実際の数値を調べることが必要になる．複雑で段階を踏んだ解決を必要とする問題を解決できるのが，このレベルとなる．

5 評価事例(4)：数学分野における問題解決

◆レベル7

　与えられた問題や課題をもとにして，より全体的な問題解決をめざした自分自身の問題を設定して追求することができる。他の解決方法や改善点を考えることを通じて，数学的な表現方法の選択の適切さについて批判的に吟味できる。探求の対象となった問題の数学的な構造の検討を通じて，自分の解決方法や一般化の適切さを説明できる。数学的な説明と実験的な証拠の違いを承知している。

　評価基準の説明：例えば，順序をちょうど逆にした数字の性質を考えるように言われて，$321-123=198$，$872-278=594$，$854-458=396$などから，ひき算をすると答えの中央に9が必ずあり，また9で割れること，99でも割り切れることを発見できる。これらの発見したルールを証明するために，自分自身で$100a+10b+c$の形に数字を一般化して示して，なぜそのようなルールが成り立つかを説明できることである。

◆レベル8

　異なった問題解決方法を考え，それを追求できる。数学的な課題を探求する場合に，自分の追求過程について反省している。これらの過程で，様々な数学的な技術を駆使することができる。数学的な記号を一貫して用いることにより，数学的な意味を伝えることができる。課題遂行の中で到達した結論や一般化したことを吟味し，その論理に関して建設的な説明をし，結果として一層の進歩を遂げることができる。

　評価基準の説明：これは1つの方法で到達した結論を別の方法を用いて同じような結果を導くことで，その結論の正しさを証明することである。

3　TASCによる問題解決過程

　以上のような評価基準と発達させるべき能力や技能に対して，TASCでは次のような問題を示して指導をする。

　問題例：3人の少年と3人の少女が交互に座っています。隣り合った2人の

第4章　問題解決能力とその評価

座る位置を交換して，少年と少女が3人ずつまとまって座るようにするには，最低何回，席を交換すればよいでしょうか。

---

(1) **収集，組織化と確認**

　この場合は，最も重要な情報は何か，以前似たような問題はなかったか，問題の内容を確認する。

(2) **創出：どうやって課題を解決するかを考える**

　自分たちが座ってみてどう動けばいいか実際にやってみるとか，図を描いてやってみるとかの意見が出る。

(3) **決定と実施**

　実際に問題のように座ってみて，何回動けば少年と少女がまとまって座れるようになるか試してみる。8人が交互に座った場合，10人の場合なども試してみる。

(4) **評価とコミュニケーション（「反省」は省略）**

　次のような結果が，多くの生徒から報告された。

　このことから，生徒の数が2人ずつ増えるにつれて，必要な動きは，2，3，4，5と増えていくことが発見された。また，もっと数が増えた場合の動きの数も求められることが分かった。

　このような発見は，表を書いてみて一定のルールを発見し，これをもとに発展させた場合にも使おうとしているので，先に示した評価基準に照らせばレベル4に相当する。

発見されたパターン		
生徒の数		必要な動き
4	→	1
6	→	3
8	→	6
10	→	10
12	→	15

さらに，ある生徒は次のようなルールを発見した。

この生徒の場合は，新しいパターンを発見して，一般化し始めているため，レベル5の段階に到達しつつあることを示している。

さらにこの問題を，「生徒が正方形に座っていた場合」などというふうに発展させて追求していくことができれば，より高いレベルに到達したことになる。

生徒の数		動きの数	パターン
4	→	1	$\frac{1}{4}$
6	→	3	$\frac{3}{6}=\frac{1}{2}=\frac{2}{4}$
8	→	6	$\frac{6}{8}=\frac{3}{4}$
10	→	10	$\frac{10}{10}=\frac{4}{4}$
12	→	15	$\frac{15}{12}=\frac{5}{4}$

■参考文献

(1) SCAA (1995) *Consistency in Teacher Assessment, Exemplification of Standards: Mathemaics*. London: SCAA.

(2) Brocks, J., Bayliss, M. & Foster-Agg, S. (2002) Mathematical Makeovers: Using Existing Mathematics Problems to Promote the Development of Thinking Skills. In Wallace, B. & Bently, R. (eds.) *Teaching Thinking Skills Across the Middle Years*. London: David Fulton.

第4章　問題解決能力とその評価

6　問題解決能力の指導と評価はどうあるべきか

1　問題解決プロセスへの焦点化

　最後に，本章のこれまでの内容を総括して，問題解決能力の指導と評価についてまとめてみたい。まず確認しておかなければならないのは，問題解決とは「障害や制約条件によって達成することが難しい目標に到達するプロセス」のことである。そのため問題解決能力の指導と評価においては，このプロセスで必要とされる能力や技能，態度に焦点が当てられることになる。

　この問題解決過程を学習活動の中心に取り入れたものとして，問題解決を基礎とした学習（problem based learning）[1]が1980年代後半から欧米諸国で注目されている。

　問題解決を基礎とした学習の重要性は，次の事例[2]を考えれば明らかであろう。

　62－37の計算について，様々な計算方法を考えた子どもたちの事例である。引き算の解法を知っていれば，25という答えを即座に出すのは簡単なことであるが，問題解決能力という観点から，次のように考えていった子どもたちと比べてみてほしい。なお，事例の子どもたちには，1を示す点をつけた棒と，10を示す10個の点のついた棒が補助用具として与えられている。

　A君：37から62まで順番に数えていった。37から40まで数えたときには，1の棒を3つ置き，40から60までは，10ずつ数え10の棒を2つ置き，2つで20を表した。さらに62まで数えたところで，1の棒を2つ置いた。置かれた棒をたして（10の棒2つ，1の棒が5つ）25と答えた。

　B君：まず62cmのひもと，37cmのひもの絵を縦に並べて描き，37cmのひ

もの先端から水平に線を引き，62cmのひもの絵まで引いた。次に62cmのひもを示すものとして，6つの10の棒と，2つの1の棒を並べた。37を引くことを示すために，62cmを示す棒から，3つの10の棒を引き，次に4つめの10の棒の点の7番めのところに印をつけ，7をとり，3つ残ったことを示した。こうして残った，2つの10の棒と1の棒の3と，1の棒の2つをたして，25を求めた。

C君：線（数直線と同じ）を引き，そこに37をまずとり，3をたして40の点をとる。次に10ずつたしていって60の点をとり，2をたして62とした。3と20と2をたして25を求めた。

D君：まず62－37を縦型の計算式で示した。次に10から7をとる計算をした。残った3と2をたして5を得た。さらに残った5個の10から3個の10を引き，2個の10が残った。この2個の10と5をたして，25を得た。D君は，B君のやったことを，数字の計算に置き換えてやってみたと説明した。

　この子どもたちの学習活動の重要性は，25という答えを導き出したことではない。最も単純な計算問題ともいえるものを，さまざまな角度から取り組み，かつ友人の考え方を取り入れたり，解釈したりしているところにある。たいへん簡単な問題であろうと，それに取り組む方法によっては，問題解決能力や態度を必要とする学習となるのである。
　このような問題解決を基礎とする学習によりひき算を学習した場合と，ひき算の計算方法と　その利用の仕方を中心に学習と練習を繰り返した生徒では，あらかじめ定まった解決方法が提示されていない様々な問題にぶつかった場合，大きな違いが生じるであろう。
　このような学習を問題解決学習（problem solving learning）としても，問題解決を基礎とする学習と表現しても内容は同様であろう。問題解決学習の場合も，重要なのは答えだけではなく（誤った解答でもよいというわけではないが），解決に至るプロセスが重要であり，このプロセスで必要な能力や技能，

第4章　問題解決能力とその評価

態度が重要である。

2　問題の難易度

　問題の難易度として，本章の第1節で次の5つを挙げたが，前記の計算問題を考えると，問題の難易度についても注意が必要である。
- 難易度1：定型（所定の手続きで解決できる問題）の解決方法を用いる問題
- 難易度2：診断（正しい解決方法の選択）を要する問題
- 難易度3：戦略（適切な方法の選択）を必要とする問題
- 難易度4：解釈（問題自体が複雑なために，一定の形式に従ってモデル化すること）を必要とする問題
- 難易度5：創造（新しい解決方法を考え出すこと）を要する問題

　前記の問題例は，通常の学習指導（引き算の計算）では，典型的な難易度1か，せいぜい難易度2の問題にすぎない。しかし，問題解決を基礎とした学習では，同じ問題を難易度3の問題として取り組ませることとなる。また，引き算の計算方法を学習していない生徒にとっては，難易度4や難易度5の問題ともなりえる。このことは，問題自体に難易度があるというわけではなく，どう取り扱うかによって，問題の難易度は変化するということを意味する。

　簡単な計算問題でも，扱い方によって難易度を変化させることができるのであるから，低学年の生徒でも工夫しだいで，難易度の高い問題解決学習となるため，高いレベルに到達したかを評価することができる。しかしそうはいっても，低学年の生徒に，高度な知識（数学でいえば，微分や積分など）が必要となる問題に取り組ませるのは無理である。このことを考えれば，問題の難易度には，解決方法としてどのような知識のレベルを必要とするかも関係してくることは当然である。

3　問題解決のプロセス

　問題解決のプロセスとしては，第1節で紹介したウッズの6つのステップや，第3～5節で紹介したTASCの8つのステップの例がある。これらを総合すれば，問題解決学習のステップとして重要なのは次の5つの段階であろう。

6 問題解決能力の指導と評価はどうあるべきか

(1) 問題を明確化する

TASCでは,「確認の段階」としており,課題が何であるかを確認することとしている。この段階で問題をどう設定するか,問題の本質をどうとらえるかによって解決方法が異なってくる。

前記の計算例でいえば,計算して答えをとにかく出すことを目的であると生徒がとらえれば,問題は難易度1ないし2にすぎなくなる。それに対して,いろいろなアプローチの仕方を考える問題であると考えれば,難易度3以上の問題となり,学習の目的が正しい答えを出すことから,いろいろな解決方法を考えることに変わってしまう。現実の社会の問題でいえば,例えば,年金の保険料未納問題を,未納者からどう徴収したらよいかを考える問題ととらえるか,どうして未納が生じるかを考える問題としてとらえるかにより,異なった解決方法が出てくるであろう。

(2) 問題に関して自分の知っていることを考えてみる

問題に関連したことについて,できるだけ多くの関連した事実,自分のもっている知識,経験などを思い出してみる。どれだけの知識や経験を思い浮かべられるかは,それまでの学習の蓄積,知識の集積量と質によって大きく左右される。その点では,生徒がすでに持っている知識を無視した問題解決はありえない。

(3) 解決方法の創出

解決するためのアイデアを生み出すのであるが,そのようなアイデアがどうやって生まれるかについての研究が行われている。主として3つの場合がある。

　① アナロジーによる場合

似たような事例を参考にして,その場合の解決方法を適用する場合である。この場合,(2)の「問題に関して自分の知っていることを考えてみる」ことが重要となる。自分の記憶の中で,似たような事例を思い出すことが必要となる。

　② 画像を用いる場合

これは問題を何らかの視覚的な形に置き換えてみる方法である。絵を描いた

り，図形化したりすることで，問題を構成する要素のつながりが見えてくる場合がある。代表的な事例はレビン（Levin, M.）の示した以下の例である。このような問題の場合には，表にしてみれば簡単に解くことができる。

　　4名の男が，次のような楽器を持っていました。マットはオーボエとバスーン，ハンクはトランペットとフルート，ジャックはフルートとクラリネット，ビルはトランペットとオーボエを持っています。仮にバスーンはオーボエよりも安価であり，トランペットはフルートよりも高価であり，オーボエはフルートよりも安価であり，バスーンはクラリネットよりも高価であるとしたら，だれが最も高価な楽器を持っていることになるか。

③　目的・手段の分析を用いる場合

複雑な問題の場合には，最終的な目標にいたるいくつかの段階を設定して，各段階にいたる小目標を考え，これらを順番に達成することによって，最終目標に到達する方法である。

(4)　解決方法の実行：解決方法を決定し，実行に移す。

(5)　評価：目標が達成されたか，一定の基準と比較して結果を評価する。

4　評価方法と評価基準

(1)　評価方法

先に述べたように，問題解決学習の場合には，最終的な結果だけでなく，問題解決過程で適切な対処ができたか，その能力や技能が問題となる。問題解決のプロセスで必要な能力や技能を評価する場合には，教師がその過程を観察する必要がある。しかしこれは，多人数の生徒を相手にする学校教育では困難な方法である。

そこでこれにかわる方法として用いられるのが，ログやジャーナルなどの記録をつけさせる方法である。活動中に考えたこと，実行したことなどを時系列的に記録させるのである。そのかわりに，一定の学習活動が終了した時点で，その時間や活動の中でどのようなことをしたか，思い出させて記録させる方法

もある。この方法は，生徒の記録能力や，一定時間の活動を思い出す能力を必要とするため，直接教師が観察する方法に比べれば，不十分な方法である。

しかし，欠点もあるが逆にこの方法特有の効果を期待できる。それは自分の学習活動を記録したり，思い出したりして記録することは，初歩的なメタ認知能力の学習過程ともなる。記録することは，多少なりとも自分の学習活動過程を客観化して眺める習慣を育成する機会となる。

(2) 評価基準

評価基準については，第1節で紹介したマルツァーノの示した，どのような学習内容にも適用できる一般的な評価の観点と，評価基準の例がある。一方で，これではあまりにも一般的すぎて，実際に評価をする場合に使えるかどうか疑問であるという意見もあろう。また学校の場合には，問題解決といっても，各教科の学習内容と関連性をもって実施されるのであるから，各教科の学習内容を捨象した形での評価基準が役立つのかという疑問が残る。実際には，このような一般的な評価基準をもとにした，各教科の学習内容に即した評価基準が必要である。

そこで第2節以降で，各教科内容に関連した評価基準の例を紹介したが，問題解決学習そのものを対象とした評価基準は，第5節で示したイギリスのナショナル・カリキュラムで用いられている「数学の使用と応用」という学習分野（これが一種の問題解決学習をする分野である）のみである。イギリスとオーストラリアには，このほかに理科に「科学的な探究活動」という分野で，問題解決学習を部分的に行わせるものがあり，そこには専用の評価基準が設定されている。

しかし，これまで本書においてしばしば述べてきたように，これらはすべてスタンダード準拠評価（アメリカ流にいえばルーブリックであるが，違いもあるので注意）で機能するものである。スタンダード準拠評価は，評価基準だけでなく，評価事例（exemplar）を組み合わせてはじめて機能する。この評価事例を紹介するには，膨大な紙数を要するため，きわめて簡単な要約にとどめざるをえなかった。

第4章　問題解決能力とその評価

　そもそも評価基準は，きわめて一般的，抽象的な評価基準を作れば評価基準の数は少数で事足りる長所もある反面，基準の解釈や実際の使用に際して難しい判断を必要とする。逆に，具体的で，細かな評価基準を作成すれば，解釈や使用に関しては容易になる。その反面，学習内容ごと，活動ごとに評価基準を作成しなければならず，評価基準の数が膨大になって，この点で実際に使えなくなってしまう。スタンダード準拠評価やルーブリックは，この両極端の中間点をねらったものであり，とりわけ評価事例が重要な役割を果たす。

■参考文献
(1) Kain, D. L. (2003) *Problem-Based Learning*. Boston: Allyn and Bacon.
(2) Hiebert, J. et al (1996) Problem Solving as a Basis for Reform in Curriculum and Instruction: The Case of Mathematics. *Educational Researcher*, 25(4). p.13.

《著者略歴》

鈴木秀幸（すずき・ひでゆき）1953年生まれ。早稲田大学政治経済学部卒業，現在，静岡県立袋井高等学校教諭。専門は社会科教育，教育評価。2000年教育課程審議会「指導要録検討のためのワーキンググループ」専門調査員，2006～2008年国立教育政策研究所客員研究員，2009年中央教育審議会教育課程部会「児童生徒の学習評価のあり方に関するワーキンググループ」専門委員。著書は『教師と子供のポートフォリオ評価』『新しい評価を求めて』（論創社，ともに翻訳），『観点別学習状況の評価規準と判定基準』（小中教科別分冊，図書文化，共編）ほか。

スタンダード準拠評価
―「思考力・判断力」の発達に基づく評価基準―

2013年8月20日　初版第1刷発行

［検印省略］

著者………鈴木秀幸Ⓒ
発行人……村主典英
発行所……株式会社 図書文化社
　　　　　〒112-0012 東京都文京区大塚1-4-15
　　　　　TEL 03-3943-2511　FAX 03-3943-2519
　　　　　振替　00160-7-67697
　　　　　http://www.toshobunka.co.jp/
印刷………株式会社 厚徳社
製本………株式会社 村上製本所
装幀者……中濱健治

乱丁，落丁本はお取替えいたします。
定価は表紙カバーに表示してあります。
ISBN 978-4-8100-3634-3　C3037

JCOPY ＜(社)出版者著作権管理機構 委託出版物＞
本書の無断複写は著作権法上での例外を除き禁じられています。複写される場合は，そのつど事前に，(社)出版者著作権管理機構（電話 03-3513-6969，FAX 03-3513-6979，e-mail: info@jcopy.or.jp）の許諾を得てください。